戸次公正

真宗大谷派のゆくえ

ラディカルに問う儀式・差別・靖国

法藏館

はじめに

私の内部で、いつも自分を激しく衝き動かす「何か」が棲んでいる。それはときにこんな声となってせまってくる。

「それだけでいいのか」
「このままで気がすむのか」
「なぜそうしたいのか」

この内部からの問いかけに促されて私は動き出す。

人に会いに行き、どこかで何事かを見聞きし、本に答えを求め、置かれた状況から一歩出て、未知なる情況に身をさらす。そこで思いもかけないことが起こる。

準備された模範解答に、自分を合わせようとしたこともある。これこそが私の選びなのだと信じて、与えられた立場を捨てようと思ったこともある。その瞬間、またもやあの内部からの声が聞こえてくる。

「自分の心に嘘はつけない。魂のゆらぎを鎮めることはできない」
「おれはそんなことを聞いているのと違う」

と叫ぶその声が、どすんと届くような人に会いたかった。

いろいろな出来事に関わっては考えこみ、考えながらまた世間に向かってゆく。ほんとうに知りたいこと、いちばん気になることが、聞こえてくるまで、とことん聴こう、考え抜こうと。

すると表現せずにおれなくなる。書くこと、語ること、読むこと、謡うこと、描くこと、踊ること、撮ること、演じること、念じること、祈ること、総合すること。

そうしているうちに、胸の底に心が落ちてくる。私の身体もおぼれながら堕ちてゆく。いろいろなものが混ざったまま、どろどろと沈殿していく。「これは何なんや？」とうろたえながら、そのどろどろが塊になるまでひたすらに待つ。その静寂の裡から澄みきった言葉が現れる

私がこだわってきた三つの言葉。それは「衆生」と「帰命」と「諸仏」。おそらくこれらの言葉が、我と我らの世の闇に光りだす智慧。仏教語のひびきは大切にしたい。でも、それだけを意味ありげに説いてごまかしたくはない。その本質をこの時代の言葉でいい当てたい。とても困難なことだけれど。

それは、我が「いのち」が「生きて往きたい」と欲すること。私以外の「誰かのいのち」もそう欲していると気づくこと。そう、だから私はいう、「聞くことと、遇うことが人生なんや」と。

本書は、私が真宗大谷派教団の中で、直面せざるをえなかった時代社会の情況と悪戦苦闘してきた魂の軌跡である。

第一部は、「儀式論」である。

儀式は、仏教が釈尊の僧伽として地上に誕生し、やがて大乗の精神による教団形成をしていく過程で、独自の展開をしてきた「表現」としてとらえ返してみた。

それは部落差別からの解放という光源から照射されるとき、仏教音楽としての声明を中心とした大谷派の儀式と制度における「伝統」とは何であったのか？　を浮かびあがらせることになる。

第二部には、近代国家において捏造された「大逆事件」の闇に埋没させられてきた人々が、自ら発する光によって現代社会の闇を破らんとするはたらきに促されて講演した「百年の破闇」を収める

ここでは、幸徳秋水と出会った南紀新宮の人々、大石誠之助や高木顕明たちが、日露戦争の真っただ中に抱いていた「志」を訪（とぶら）う。

第三部には、真宗大谷派教団の「教団問題」、いわゆる「お東さんの紛争」をあの時代の当事者の一人として、教団の内部批判をしてきたレポートとして発表したものである。

とくに、一九八一年に改正された真宗大谷派の「宗憲」（宗門の最高規範）制定の最終段階に参画した中から視えてきた問題を、あえてその当時のままの小論として収めた。それは、苦々しい記憶ではあるが私の若き日の一証言である。「真宗大谷派の『新宗憲』」。

さらに、新「宗憲」に則って厳修された、新たな「門首」の継承式に臨んだ者として論評したのが「教団論の展開――『門首』制の根本問題」である。

第四部は、現代社会の状況から、「汝は何者か？」と問われ続けている宗教的課題を論じたものである。

「したたかに深く撃て――『叛』靖国の情念を思想に」は、私が身を置く現場である南溟寺で起こった「靖国問題」を機縁として「靖国問題」の本質を「叛」（謀叛の叛）として論じたものである。

「仏教と同性愛――坊さんとゲイ」は、ある男性同性愛者から突き付けられた仏教への不信と批判に応答したものである。

そして、国家論としても視野を広げているのが、玉光順正師との往復書簡「浄土・寺・僧と現実」と「浄土と国家――戸次公正氏への返信として――」である。

これは、一九八三年に、関西新空港反対運動にかかわっていたことで、私の預かる南溟寺が、大阪府警貝塚警察署によって「家宅捜索」を受けたことに「抗議声明」を出したことへの反響である。当時、『伝統と現代』誌に発表された論文を本書のために転載することを御許しくださった玉光順正師（兵庫県神崎郡市川町　真宗大谷派光明寺住職）に深謝するものである。

なお、一九八〇年代の論文には、今日の研究から見ると不十分な情報と認識がふくまれているが、あえて発表当時の記述のままにしておいた。

真宗大谷派のゆくえ——ラディカルに問う儀式・差別・靖国——　目次

真宗大谷派のゆくえ——ラディカルに問う儀式・差別・靖国——

帰去来《いざいなん》、他郷《たきょう》には停《とど》まるべからず。（善導『法事讃』）

（親鸞『教行信証』「化身土巻」引文、『真宗聖典』三五五頁）

第一部　儀式を問い法事を創る

差別問題に照射される儀式と制度（一）

1. 儀式論序説

一、儀式は表現である

まず、私が儀式という問題に、なぜこだわるのかというところからはじめたいと思います。私は、我々がただ生きているそのことだけで、何事かを全世界に向かって表現し発信しているのではないかと考えています。それは言葉を話す、書く、歌う、演じる、感じる、聞くといったことだけではなしに、そういうことができない人が、ただ人間としてそこに生きて存在しているだけで、何か大きなものを発信し、表現しているからです。

儀式は表現であると、私は考えています。なぜかといいますと、私の弟の存在があります。私より四歳下で、子どものころから知的障がいと、自傷・他傷・破損行為等する激しい行動障がいと情緒障がいを持っていました。小学校三年生のときに就学猶予といいまして、学校に来てもらったら、暴れるし大変なことになるから来なくてよいということになりました。私自身も、弟を、こいつがいなければと差別してきたこともありました。

その弟が、いろいろな施設を訪ねて、ようやく辿り着いた所が、第二びわこ学園という重症心身障がい児（者）の療育施設です。そこへ私自身が初めて行ったときには、本当に寝てただ生きているだけという少女や少年を見まして、この人たちは、はたして生きているといえるのだろうかと思ったわけです。ところが、直接関わっている職員は、その人たちを「○○さん」ときちんと名前で呼んで、反応が返ってこなくてもきちんと話し掛けて、何かを聞き取ろうとされている。その子たちもまた、目だけでも答えようとしているとか、何か全身で表現しているということがあるわけです。

私の弟（戸次公明）も、まったく人とのコミュニケーションができない状態で、びわこ学園のガラスを全部割ってしまうほどの、大変な問題児だったのです。初めは個室に閉じ込められて、一日中注射をされて、発作を治めるだけでした。それであるとき、先生方が、部屋へ閉じ込めて薬を与えておくだけだったら精神病院と同じだと、もの凄く悩まれた。それで、なんとかコミュニケーションができないかと、鍵を外して自由に出入りをさせて、そのかわり弟にはいつでもパッと職員が止めに入ることができる態勢をとられたのです。そのようにして、関わり続けることによって、弟も変わってきたのです。

特に粘土で造形をするようになってから、土の力というのは大きいですね、おおきく変わってきました。土というのは、いのち、生きる力に関係するのか、この十年間に何万という粘土作品を作り出しました。それを「いのちのかたち展」などの機会に、本山（東本願寺）でも並べていただいたことが何度かあるのです。

弟が粘土で何かを作るときには、とても神聖な気持ちになるのでしょうか、不思議な行為をするわけです。第二びわこ学園の粘土室に入るとき、必ず裸足になる。服を全部脱いで、すっぽんぽんになる。そしてそこで、いわば五体投地をするわけです。そしてまた、衣服を着て靴を履いてゆっくりと部屋へ入っていく。そして、粘土で何かを作り出すのです。こんなことは、教わったわけでも、家で教えたわけでもない。どこでそんなことを身につけたのか、わからないのです。ですから、あらゆる儀式の原型に触れるような気がしているわけです。弟の表現の源にあるものは何なのか。私は、表現の奥にあるものは、儀式とか祈りというものだろうと感じているのです。

谷川俊太郎という詩人が、子どものための国語といわずに『日本語』という独自の教科書を作ったのが、福音館書店から出ています。その中に、

かなしみやおそれ　よろこびやいかり
こころとからだのなかのきもちがたかまったとき
おおむかしからひとは
おどったり　うたったり　いのったりしてきた
ふつうにはなすのとはちがう　とくべつなちょうしで
ことばをこえにすることから　しやうたがうまれた

こういう詩が出ています。

つまり、祈りや唄、叫び、声が形になって、一方では拝む、礼拝するという儀礼・儀式になっていきます。また一方では、祈りや願いから発する言葉が、詩や文字となって記録され、それが、キリスト教ではバイブルであり、仏教の聖典、お経などの形にまでなっていくわけです。

何かそういうものが、どんどんと体系化されて組織化されていく中で、祈りがいつの間にか決まった型になって、そこにかえって人間をはめ込んでいくようになってしまう。

親鸞聖人の手紙にも「世のいのりにこころ入れて」（『真宗聖典』（東本願寺刊）五六八頁、以下「聖典」という）とか、親鸞聖人が二十九歳で六角堂へ行かれるときの様子を書いた、恵信尼さんの手紙の中にも、祈りという言葉が出てきます。この祈るということは、真宗ではあまり使わない言葉、使ってならないようにもいわれていますが、

もっと広くみて、祈りがどういう意味があるのか考えてみたいと思います。

キリスト教の世界では、祈りは大変重要な要素なのです。シモーヌ・ヴェイユという、一九四三年に三十四歳の若さで死んだフランスの哲学・神学者でもあり、詩人、革命家でもあった女性の言葉に、祈りについて、

神に祈る
人々から離れて秘かに祈るというだけではなく
神は存在しないんだと思いつつ祈る

こういう一句があるのです。

それを受けてキリスト教の思想家である田川建三という人が、祈りというのは二つの要素があるといわれました。一つは、「祈りというのはシモーヌ・ヴェイユのいうように神の不在を常に頭におくことだ、神は居ないんだと、居ないけども祈る」。二つ目は「祈りというのは戦いの言葉である、抵抗の言葉」で、祈らずにおれない現実がある。だから私は秘かに祈りつつ、抵抗し続けるのだという、戦いの言葉なのだといわれています。

そして同時に、祈りというものには、どこかいつでも嘘がつきまとう。そのような、祈りの虚妄性に、どこまでも耐えつつ、なおかつ祈っていけるのか、こういうことを書いておられます。祈りの中にある空しさを知りつつ祈る。祈らざるをえないという出発点を、どこまで私たちは継続していけるのか。それは人間存在そのものに対する、大きな課題ではないでしょうか。（田川建三『立ちつくす思想』勁草書房、参照）

二、宗教の社会的役割

同志社大学の飯坂良明という先生が、『中央公論』に、宗教の社会的役割を考えるとき、第一には儀礼的宗教、第二には政治的宗教、第三には生きがいの宗教、この三つの要素があると書いておられました。

一番目の儀礼的宗教ということについては、宗教には社会を維持していく機能がある。つまり、一定の社会的な文化的価値を体現して、そして一旦それを宗教的に神聖化して、価値を皆に共有するコンセンサスを作る働きをする。簡単にいうと、バラバラになっていた人間同士をもう一度結びつけるような役割をする。それが宗教の社会的機能で、その社会的機能を一番発揮するのが儀式である。儀式の執行という宗教的手段を通して、社会を維持する機能が果たされていくことが多い。宗教がそもそも儀式をしていることが、社会的に大きな働きをしている。そのことの意義を、きっちりと見つめて欲しいと提案をしておられます。

二番目の側面として、政治的宗教について、宗教というのは本来人間の解放を目標とする。そして古来、政治的抑圧や社会的不正からの解放を、宗教的使命と責任の本質的な一面、一部として考える強力な伝統が存在して、今日まで受け継がれている。たとえば、社会的な変革や社会悪の根絶を求める。つまり、メシア（救世主）がこの世を救ってくれるという救世主信仰が、伝統としてキリスト教の中にある。イスラム教の中にもある。

あるいは、中国や日本の宗教にも「世直し」ということがある。真宗でいえば、一向一揆もその世直しの系譜にあたる。しかもあるものは、極めて戦闘的実践的な展開もし、その挫折の歴史もまた多い。こうした社会運動は、社会や体制の変革を求めるにあたって、それとあまりにも一体化している既成的体制的宗教自身の変革をも、同時に求める主張とならざるをえない。こうした、つまり宗教体制を支えている宗教に対する批判、それがまた運動になっていくところが、宗教の政治的宗教という役割として世の中に働き続けているのです。

三番目の生きがいの宗教というのは、個人であれ社会であれ、それが危機的状況に立たされたときに、宗教が強力な方向づけを与える作用をする。個人に対して、基本的価値や方向性を与えるという宗教の役割の側面に着目して、これを生きがいの宗教と名づける。飯坂氏は、生きがいの宗教というのは、あくまで宗教の一側面としての役割だといわれる。我々宗教の当事者としては、これこそ宗教の主たる役割だといいたいのですけども、飯坂氏は一側面としての役割だと極めて重要な分析をしておられる。

そして、これからの宗教が留意すべきことは、儀式的宗教が社会維持の機能を果たす中で、儀式主義の反動に陥らず、政治的宗教が悪しき政治主義に陥らない。そして、個々人に信仰的方向づけと基本的価値観を与える生きがいの宗教が、たんに個人主義的閉鎖的社会的無関心ないし逃避主義に陥ってしまわない。この三者の間には、ダイナミックな結びつきがある。それによってのみ、それぞれは逆機能に堕することを免れるであろうと、いっておられるのです。今日の私たちにとっても、たいへん示唆に富む指摘ではないだろうかと思うわけです。

三、儀式とは何か

次に、宗教に限らず、人間の生活にとって儀式とか儀礼とは何かということを、見ておきたいと思います。宗教には儀式がつきまといます。何のために儀式をするのか、それは一つの教義を広める布教伝道の手段で、宗教的実践という意味もこめられています。これに対して、教学は普通は実践の原理を明らかにすることです。一般には、教学と儀式とが分離され、その役割が分担されるということになっています。

最初に儀式は表現ということをいいましたけども、どういう形であれ表現されたものの中には、心、精神が内蔵され、ほとばしるものがあるはずです。芸術作品の制作は、「密室の祈り」という村上華岳という画家の言葉がありますが、およそ生命力を持った芸術作品を生み出すというのも、祈ることの中から、形の無いものを絵にしたり彫刻にしたりあるいは音楽にしたりする。

そこに創造的追体験ということが起こります。音楽でいうならば、ベートーヴェンの作品は、楽譜の中にしかないわけです。しかし楽譜として置いてあるだけであったら、それは聞こえてこない。やはり楽譜を見てそれを演奏する人がいないと。そして演奏するときに、指揮者というものの役割がある。指揮者のフルトヴェングラーが、「楽譜・解釈・演奏という過程の中で最も重要なことは創造的追体験を生み出すための鋭い洞察である」といっています。

私たちにとって、たとえば親鸞聖人の教えを楽譜とします。解釈というのは教学すること。そして演奏するのが表現形式としての儀式。そういうとしたならば、親鸞聖人の教え、本願の教えを教学する、そして儀式に表現するということが、創造的な追体験を生み出すための鋭い洞察になっているだろうか。私たちが儀式をするときに、本当にみ仏と出会う、本願に生きることを確認する、そういう創造的な追体験を生み出すような鋭い洞察が、どこまでなされているのだろうか。私たちの現実は、その一つ一つの営みがバラバラになって、もっといえば形骸化してしまっている。つまり、本当の精神を表現する、生命力を失ってしまっているのではないでしょうか。

宗教社会学などで、儀式の機能と役割について、三つのことがいわれます。

（1）共同体とそれへの帰属意識を作る。

民族共同体のような大きなものは国家ですけども、信仰共同体は教団です。ほかにも、様々な共同体がありますが、共同体への帰属意識を深め、強めて、作っていく。

（2）人々を統合する。

それだけでなしに、そこに集まった人々を儀式によって一体化する、つまり統合する。

（3）象徴（シンボル）を聖化する。

さらにその共同体の中心になっている、特に宗教ではシンボルがあるわけです。それを聖なるものにしていく、私たちでしたら本尊、真宗本廟という場を聖なる場というふうにしていく。どの宗教にも強調されていますし、国の日本国憲法でいえば、天皇という象徴的存在の問題になってくるわけです。

私たちは、儀式に関わる限りこの三つの機能が、自分と人々に関係して働いていることを意識しながら、きっちりとやっていかなければ、無自覚のままにただ儀式をやっているだけでは、無責任になってしまうと思います。

四、儀礼の機能と役割

儀礼の機能と役割ということを考えるとき、まず、儒教的儀礼の役割ということを見てみたいと思います。儀礼儀式にあらわれた、儒教的儀礼の役割ということですけども、儀礼というのは儒教から出てきた言葉です。人間生活の中に、特に日本の社会生活の中では、必ず儀礼というのが中心になります。世間が問題になります。阿部謹也という方が、『学問と「世間」』という本を岩波新書に書いておられます。人間の一生にしましても、誕生してから初参り、初節句、七五三、入園式や卒業式、成人式、入社式、結婚式、葬式がずっとつきまとうわけです。

司馬遼太郎さんは、『菜の花の沖』という小説の中で、儀礼には横の関係の相互儀礼と、縦の関係の上下儀礼があるといわれています。封建制の儀礼というのは、相互儀礼でなく上下儀礼で、尊いか賤しいかという貴賤で人をはかり、互敬ということが無い。他者と出会えば、威張るか卑屈になるか、そういう上下儀礼を繰り返して生涯をすごす。そういう一節が出てきます。これは儀礼の本質をついているわけです。縦の秩序の上下儀礼だけで教育される典型が、軍隊という組織だと思います。

宗教の儀礼は、そうではなしに横の秩序、つまり相互儀礼のはずで、平等という関係性を作る。キリスト教なら神の下に平等、我々ならみ仏の下に平等であると。そしてお互いを同朋として敬い合う、そういう横の秩序のはずなのです。ところが、そこに儒教の上下儀礼が入り込んでくる。それが仏教そのものにも、非常に深い影響を与えてきます。けっして、仏教では教えの上では、下から上を崇めたり、上から下へ天下るようなものを求めるのが教えではない。

だからこそ、親鸞聖人の和讃に、

他力の信心うるひとを　うやまいおおきによろこべば
すなわちわが親友《しんぬ》ぞと　教主世尊はほめたまう
（『正像末和讃』聖典五〇五頁）

とあるわけです。信心を得た人は、等正覚の位、弥勒等同であるという言葉が、和讃の中にもお手紙の中にもしばしば出てきます。つまりこれは同朋という横の連帯、平等観をあらわす言葉です。

ところが、親鸞聖人の精神を形式としてあらわす儀礼、儀式が歴史的社会的状況の中で、本願寺教団の上下儀礼というものになっていく側面がある。そういう現状を、私たちが抱え持っていることを、一度相対化していくということが大きな課題になってきます。

次に、日本の儀式について考えてみたいと思います。

日本の儀式というものを見ますと、私たちは何か古いというだけで恐れいってしまう精神があるようです。最近、『靖国問題』という本を高橋哲哉さんが書いていましたが、国家が戦死者を追悼する形はどうであれ、どこの国でもあるのであって、何も日本独特の固有のものは一つもない。むしろいろいろな風習、習慣が、一つの文化として混ざり合って今の形になっているだけであって、古式ゆかしいということはない。問題は私たちが、古いというだけで恐れいってしまう精神が問題であって、またそういう精神を利用して闇雲に古式だとして、常識的な歴史意識すらもくもらせてしまうようなやり方が、おかしいということを指摘しています。

そのように見ていますと、私たちの生活には、明治生まれの伝統がまるでそれ以前から存在していたかのように生きています。たとえば、結婚式は元々は家のお座敷で皆が集まってやっていたものです。神前結婚式は、大正天皇がまだ皇太子であったときに、明治神宮で神前結婚式という形で結婚式をした。そこから始まるわけで、キリスト教に刺激されて生まれた、新しい習俗だったわけです。七五三も、明治以降の流行です。三月や五月の節句が民間にいき渡ったのも、デパートのおかげです。葬儀で告別式というのが登場するのも、明治末年の東京からです。阿満利麿さんの書かれた『宗教は国家を超えられるか』という本に、非常に詳しくいろいろな例が紹介されています。

私も国民の祝日に関して調べますと、そのほとんどが元々は明治に始まった宮中の祭祀です。ですから、明治以来の大日本帝国の憲法の下で、近代日本の新しい習俗伝統として作られてきたということです。お彼岸というのは、日本独特のものです。インドにも中国にも、彼岸という行事は無いのです。元は、宮中の祭祀である春の皇霊祭が春のお彼岸、秋のお彼岸は、秋季皇霊祭の日にあてはめているわけです。我々が何か古くから伝統的にあると思い込んでいるものの中には、どうも非常に嘘がある。新しく作られたものが仕組まれている、そういうことも気をつけて見抜いていかなければなりません。

これをもって、儀式論の序説とします。

2. 儀式の歴史と変遷

一、キリスト教の儀礼の歴史と変遷について

アジアの中近東のパレスチナに、イエスが生まれて語り出した言葉がもとで、イエスは十字架にかけられました。そして長く圧迫の歴史が続きます。紀元後三一三年に、ローマ帝国はキリスト教を公認し、国教にします。ここから教団の制度化と儀礼の典礼としての整備、形式化が始まります。そしてキリスト教が、ヨーロッパ各地の民族宗教にとって代わっていったのです。やがてミサやレクイエムという芸術作品を、バッハやモーツアルトたちが作曲して、普遍的な芸術になっていきます。キリスト教は、カトリックとプロテスタントに分かれますが、儀礼を重んじたのがカトリックです。それにしても、イエスの生誕を祝う「クリスマス」の起源は、いまだに謎に包まれているのです。（一部省略）
我々がキリスト教から学ぶべきことは、『聖書』を世界中の言葉に翻訳し、じかに読み味わえるようにし続けていることです。仏教はこの面で、たいへんに遅れを取っています。

二、仏教の儀式の原型

さて、仏教における儀式の原型を少し見ておきたいと思います。仏教全体の営みの中で、釈尊がおられた時代、釈尊の僧伽にあっては、まだ儀式、儀礼は存在しません。あったのは聞法するときの姿勢、立ち振舞いと、それから今日の儀式の原点ともいうべき三帰依だけです。

『無量寿経』を見ますと、いよいよ釈尊の説法が始まった。

その時、世尊、諸根悦予《しょこんえつよ》し姿色清浄《ししきしょうじょう》にして光顔巍巍《こうげんぎぎ》とましまします。尊者阿難《あなん》、仏の聖旨《しょうし》を承《う》けてすなわち座より起《た》ち、偏《ひと》えに右の肩を袒《かたぬ》ぎ、長跪《ちょうき》合掌《がっしょう》して仏に白《もう》して言《もう》さく、

（聖典六～七頁）

という態度をとったとありますが、これが原型です。あるいは、今度は釈尊の方から阿難に語りかける。『無量寿経』には、

仏、阿難《あなん》に告げたまわく、「汝、起《た》ちて更に衣服《えぶく》を整え合掌恭敬《がっしょうくぎょう》して、無量寿仏を礼《らい》したてまつるべし。十方国土の諸仏如来、常に共にかの仏の無着《むじゃく》無碍《むげ》にましますを称揚《しょうよう》し讃歎《さんだん》したまう。」ここに阿難起《た》ちて衣服を整え、身を正しくし面《おもて》を西にして恭敬し合掌して五体を地に投げて、無量寿仏を礼したてまつりて白《もう》して言《もう》さく、

（聖典七九頁）

とあります。こういうことが、あらゆる仏教儀礼の儀式の原型です。これがやがて「三拝九拝」という形になっていきます。

ですから、私たちが儀式をする元には、平野修さんが儀式というのは仏おわしますが如くする、ところがその仏

おわしますが如くになかなかならないのです、ということをいっておられました。そういうのが儀式なのです。

釈尊の当時は、誰でも釈尊の弟子になれるわけですから、なったということは家も国も捨てて不殺生の教えに生きる者になる。つまり今でいうと、良心的兵役拒否の宣言をすることになるわけです。『無量寿経』にいわれる、「兵戈《ひょうが》無用《むよう》（兵戈用《もち》いることなし）」（聖典七八頁）。兵隊も武器も要らないというのも、そういうことです。

同時にそれは、あらゆる神々の絆から脱するわけです。家族や血の幻想や神々の呪縛から離れていくわけですから、バラモン教のカースト制度に対する批判にもなっていたわけです。神祇不拝です。ですから、三帰依して仏教徒になるということは、そういう釈尊の僧伽の精神を同じくする。しかもそれが、大乗の運動になっていきますと、「衆生と共に」ということが課題になってきます。

大乗仏教以前は、個人的に阿羅漢の悟りを求めて、釈尊に近づこうとして修行していたのですが、大乗の菩薩道というところからは「衆生と共に」ということが課題になってくるのです。

そういう大乗の運動の中に、今度は「浄土」という世界観が説かれてきます。

とりわけ『阿弥陀経』が、『無量寿経』や『観無量寿経』と違うところは説かれた場所です。『無量寿経』や『観無量寿経』は耆闍崛山で説かれています。ところが、『阿弥陀経』だけは、大衆の中で釈尊が語られていた祇園精舎でした。山の上ではなく街の人びとも聞法に来られる場です。釈尊が説法されたときに、無問自説という形で誰も問わないのに、舎利弗に向かってぼつぼつと語り出されたところからお経が始まる。しかもその内容は、極楽浄土があるという話で、それを智慧第一の舎利弗に向かって語り出されるわけです。実はその心に触れようとする、その儀式が『法事讃』なのです。善導大師の『法事讃』は、まさに『阿弥陀経』の心に触れるための儀礼なのです。これが浄土教の原点です。今日の浄土真宗も含めた、浄土宗の儀式の源流になるということがあるわけです。

三、教団の制度化

仏教が、インドから中国や東南アジアに伝わって、一つの僧の団体のグループになっていきますと、必ず国家との軋轢や摩擦、国家がそれを管理しようとすることが起こってきます。

大問題になったのが、「国王不礼」という問題です。国王を拝まない。中国の慧遠（三三九〜四一六）が書いた、『沙門王者不敬論』という歴史的名著があります。中国の皇帝の桓玄が、国王に即位するときに仏教徒を招待する、ついては私は国王だから、最高の礼を尽くして欲しいといったときに、慧遠は招きは受ける、供養も受け、説法もするけども、しかし国王に礼拝はいたしません。我々は、国を捨てた出家者ですから、国王に礼拝はできませんといったのです。すると、なぜできないのかと、儒教の人たちが反発して大議論になるのです。中国では、以後この問題がたびたび起こるのです。

『教行信証』の「化身土巻」に出てきます。

『菩薩戒経《ぼさつかいきょう》』に言《のたま》わく、出家の人の法は、国王に向かいて礼拝《らいはい》せず、父母《ぶも》に向かいて礼拝せず、六親に務《つか》えず、鬼神《きじん》を礼《らい》せず、と。（聖典三八七頁）

国王の中で梁の武帝をはじめ何人かの人は、むしろ出家者を礼拝した。それは「正信偈」にも載せられています。親鸞聖人は、

本師《ほんじ》、曇鸞《どんらん》は、梁《りょう》の天子　常に鸞のところに向こうて菩薩と礼したてまつる。（聖典二〇六頁）

と書かれています。ここにある「梁の天子」というのは、梁の武帝のことです。和讃でもこのことを書かれている。

それが仏教徒です。そこから、

主上臣下《しゅしょうしんか》、法に背《そむ》き義に違《い》し、
（『教行信証』「後序」聖典三九八頁）

と批判する精神が出てくると思うのです。

これは国家と仏法の緊張関係です。つまり王法と仏法の関係です。王法と仏法が、やがてもっと妥協化していったときに、「真俗二諦」という問題になってくるわけです。その背景には、国家との緊張関係がずっとあります。中国の仏教の歴史の中で善導大師の時代、唐の玄宗皇帝の時代になりますと、むしろ国家に管理される仏教になっていく。そうなりますと、教団は制度化してくる。そのときに、中国でできた制度が、日本に移植されてくるわけです。

僧綱という制度は、衆僧の綱紀を粛正する役割が教団で制度化され、それによって認められた者が、国家公認の僧侶になっていく。日本でも、国家によって度牒が与えられている。親鸞聖人も、比叡山に入られたときは、そういう国家管理の下の僧侶になっていかれるわけです。

衆僧の綱紀を正す一番偉い人が、僧正なのです。僧正の補佐をする人を僧都。そして戒律を漏らさず守っているかどうかを厳しく監視する人を、律師というのです。この言葉だけ、真宗大谷派にも残っています。度牒というのは、僧侶であるという資格証明書みたいなものです。今の教団では、宗派が独自に出しています。こういうものが制度化されていくと、儀式というものも厳格に定められ制度化されていく。そういう中で、もう一度『阿弥陀経』を聞くという原点に返って儀式をするとどうなるのか、そのことの試みをしようとした人が善導大師だったわけです。

あと、国家がすぐ仏教を管理統制するという問題が、なぜ起こるかということだけ、付け加えておきます。

この理由は、大きくいいまして二つあるのです。簡単なことなのですけれども根本的な問題として、つまり一つの教団や仏教が組織化されていくということは、国家の中にもう一つの国家を作るということです。それはもう一つの価値観や文化、信仰を持った国家ができるわけですから、そういうものが国家の統制とか管理から外れていきますので、それが恐ろしいというので、いつでも監視する必要がある。

もう一つは、仏教が中国で盛んになったときに、国が何百年に一度必ず廃仏、仏教に徹底した破壊行為を行うわけです。これは、はっきりいって税金問題です。僧侶が増えたら税金が減るからです。梁（梁～北周）の武帝の時代には、お寺や僧侶を厚遇しすぎたので、国の財政が破綻した。それでクーデターが起こって、北周の武帝が倒れるわけです。その後に行われたのが五七七年の廃仏です。寺を壊せ坊主殺せ、仏具は貨幣などに鋳造せよ。生き残った坊主は、兵役に処するか農民にさすという徹底したやり方が、中国の文献にはっきりと残っています。

今の我々も同じです。明治になってからの廃仏毀釈も、反動として起こってきたわけです。今の国も、いつでも宗教を潰すか懐柔するか、そういう機会を狙っています。この間、宗教法人法をあれだけ改正した、あれは一つの弾圧です。きっかけはオウム真理教です。国にとってはオウム真理教の事件が起こったのは願っても無いことだった。もう一つ、今国家が一番恐れているのは、創価学会です。その創価学会を、今政府・与党に取り込んで吸収していこうとしていますけども、創価学会はなかなかそう簡単にはいかない大変な代物ですから、別の問題がありま す。ですから、今も国家による統制管理の問題というのは、いつでもあるということです。

3. 真宗の儀式論

一、『無量寿経』における本願荘厳と念仏――諸仏の称名と衆生の聞名

ここから、真宗の儀式論の本題です。真宗の儀式について、その元は、『無量寿経』における本願荘厳と念仏。それと、諸仏の称名と衆生の聞名ということになります。

称名念仏の元になるのは、本願の第十七願です。これを成就文で見ますと、『教行信証』の「行巻」に引用されて、

願成就の文《もん》、『経』に言《のたま》わく、十方恒沙《ごうじゃ》の諸仏如来、みな共に無量寿仏の威神功徳《いじんくどく》不可思議なるを讃嘆したまう。（聖典一五八頁）

とあります。つまり称名は、諸仏の位なのです。そしてそれが、衆生のうえに成就するのが、第十八願とその成就文になるわけです。成就文を『無量寿経』の本文で読んでみます。

仏、阿難《あなん》に告げたまわく、「それ衆生ありてかの国に生《しょう》ずれば、みなことごとく正定《しょうじょう》の聚《じゅ》に住す。所以《ゆえ》は何《いか》ん。かの仏国の中には、もろもろの邪聚《じゃじゅ》および不定聚《ふじょうじゅ》なければなり。十方恒沙《じっぽうごうじゃ》の諸仏如来、みな共に無量寿仏の威神《いじん》功徳の不可思議なることを讃嘆《さんだん》したまう。あらゆる衆生、その名号《みょうごう》を聞きて、信心歓喜《しんじんかんぎ》せんこと、乃至《ないし》一念せん。心を至《いた》し回向《えこう》したまえり。かの国に生まれんと願ずれば、すなわち往生を得て不退転《ふたいてん》に住す。唯五《ただご》逆《ぎゃく》と誹《ひ》謗正法《ほうしょうぼう》とを除く。」（聖典四四頁）

このような一つの文脈の中で、諸仏の讃嘆が称名で、それを聞いた衆生が聞名するところから念仏が始まったと

いう、念仏の歴史の原初形態が説かれているわけです。諸仏が阿弥陀仏を称える称名、それを聞き取ったところに衆生の称名が成り立っていく。つまり諸仏の称名として聞くというのは、諸仏の歴史との出会いということです。

諸仏の問題の中で、これは宮城顗先生に教えてもらったのですが、本願の第三十七願が非常に大切な願だといわれました。

たとい我、仏を得んに、十方無量不可思議の諸仏世界の諸天人民《にんみん》、我が名字を聞きて、五体を地に投げて、稽《けい》首作礼《しゅさらい》し、歓喜信楽《かんぎしんぎょう》して、菩薩《ぼさつ》の行を修せん。諸天世人、敬《うやま》いを致《いた》さずということなけん。もし爾《しか》らずんば、正覚《しょうがく》を取らじ。　（聖典二二頁）

この第三十七願の願文は、「凡夫をして五体投地させ稽首作礼して歓喜信楽せしめる、そして凡夫をして菩薩行を修せしめる、しかもそのことを世人が深く敬う」と誓われているわけです。世人というのは、つまり私たちです。私たちというのは、一番敬うということから遠い生活をしている存在です。自分自身のことを考えてみましても、何かに対して五体をなげうって敬うという心は、ふだんなかなか起こってこないわけです。その世人が、敬わずにはおられないことが起こったということが、本願に誓われているのです。

つまり、この世間の真只中で仏事が営まれてはいるが、それが本当に一つの感動を共有する営みになっているかどうか、自分自身の中に驚くべきものに出会うことがあるかどうかを、この願文は私たちに問い掛けてくる。ですから、「恩徳讃」の、

如来大悲の恩徳は　身を粉にしても報ずべし
師主知識の恩徳も　ほねをくだきても謝すべし
（『正像末和讃』聖典五〇五頁）

という言葉の感動も、私はこの第三十七願のところとつながってくる問題かと思うのです。こういったことも、浄

土教における儀式荘厳の出発点として、確認をしておかねばならないところではないかと思います。

二、荘厳論

さて荘厳論ですが、西田真因さんが書かれた、「真宗荘厳論序説」という論文があります。これは西田さんと草野顕之さんと仁科和志さんが一緒に書かれた『真宗大谷派の荘厳全書』という本が四季社から出ていまして、これは非常に参考になる基本的な文献考察がされていまして、そこに書かれている論文です。これを、私なりに整理してみました。

（1）第一荘厳・法性法身

荘厳について西田さんは、第一荘厳と第二荘厳という独自の区別をしておられます。第一荘厳といわれるのは、「法性法身」つまりそれは経典の原語であるとされます。原語で確認できるものとしての本願成就。先ほど読んだ成就文と二十九種荘厳功徳成就。これは『浄土論』や『浄土論註』に示されています。願心の荘厳という形で示されて、言葉、文で確認できるものです。

（2）第二荘厳・方便法身

もう一つの、第二荘厳というのは「方便法身」です。つまり、お寺の建物であるとか、仏像また本尊の絵像、文字などの可視的形式に基づいて方便法身としてたてられた本尊の前で、儀式作法が執り行われる。本尊の原点は、親鸞聖人が十字名号として明らかにされた「帰命尽十方無碍光如来」です。これを実際に本尊として使用したのは、覚如上人の時代からと『改邪鈔』に出てきます。

天親論主《てんじんろんじゅ》の礼拝門《らいはいもん》の論文《ろんもん》、すなわち「帰命尽十方無碍光如来」をもって、真宗の御本尊とあがめましましき。
（聖典六七九頁）

とあります。親鸞聖人自身には、本尊という用語は無いはずです。真宗の歴史の中で初めて本尊という言葉を使われたのは覚如上人だと思います。その後それが道場化して、阿弥陀堂の内陣空間の荘厳へと変わっていくわけです。

しかし、この第二荘厳の方便法身は、目に見える形式ですから、十字名号はもとより方便法身としての形式は、無限の形態を取りうる。どのような形にもなる方便法身ですから、如来は、「色も無く形もましまさず」であり、極楽も「無為涅槃界」といわれるのです。親鸞聖人は、極楽にしても本尊にしても、実体化ということを極力されません。ところが、親鸞聖人以降の真宗教団の歴史の中では、方便法身を具体化するところからお寺ができ、そして儀式作法が形成されていくわけです。その根拠とは何か。「宗教的方便法身としての形式は無限の形態を取りうる、そして宗教的象徴を媒介にする手段は様々にありうる」と。これが西田さんが難解な論文の中で最終的に述べられている結論です。

したがって、いかなる荘厳形態を取るかは原理的には自由である。個々の念仏行者の判断と決断によって選ぶことが可能である。何をしても良いということです。これは真宗だからこそ、いえることなのです。しかも本尊論です。

三、浄土の儀式の源流――善導大師の『法事讃』はなぜ作られたのか

そこであらためて、私たちの浄土教の儀式の源流を見ていきます。『無量寿経』の中で本願として誓われ、それが成就された。つまり、諸仏の称名そして衆生の聞名になって成就されていった『無量寿経』の世界、これを出発

点として具体的に私たちの生活の中に表現したものが、浄土教の儀式作法になっていくわけです。

ですから、原点になる拠り所の書物は、龍樹菩薩の『十二礼』、そして天親菩薩の『浄土論』、そして曇鸞大師の『讃阿弥陀仏偈』です。親鸞聖人は、この『讃阿弥陀仏偈』に基づいて、『浄土和讃』を書いておられます。そして善導大師の『法事讃』そして『往生礼讃』です。

さて『法事讃』については、竹中智秀先生が、金沢教区の教化委員会で講演された、『浄土真宗の儀式の源流』という本があります。これだけ詳しく『法事讃』を批判的に読まれた本は初めてだと思います。

『法事讃』が作られた理由は、三つあるのです。

一つには、自他の願生を勧める。

二つには、施主の恩に念報する。

三つには、法事の永式を念ずる。

『法事讃』では、冒頭に近いところで、「先請弥陀」の伽陀が出てきます。阿弥陀様ここへ来てください、諸仏もここへ座ってくださいと招き入れられる場面で、表白文が何度も出てきます。『法事讃』というのは、実際には『阿弥陀経』を十七段に分けて、その『阿弥陀経』を訓読しながら、ときには音読しながら、その間で表白を挟みながら、『阿弥陀経』の心を深く深くいただいて願生浄土の心を発そうとするためのものなのです。

そして次に、そういう法要の場を設けてくれた施主の恩に念報する。そのような、報恩のための儀式です。ですから、報恩講の源流もここにあるわけです。

そしてさらには、法事の永式を念ずる。法事というものを勤める、仏事法要を営むことが我々の人間の生活の中で必要になったならば、その方法はここに残します。これを基本にしてくださいというのが、『法事讃』を作られた理由です。

『法事讃』というのは、今いいましたように、『阿弥陀経』の別時念仏法会式を説かれたものなのです。別時念仏というのは、『阿弥陀経』を唱えその心を解説しながらお念仏をする。法然上人、親鸞聖人の時代には、大変大きな意味を持っていた『往生礼讃』を唱えたり、特に節のある念仏を唱える勤め方です。

別時念仏を勧めたということで、住蓮と安楽が捕まって、六条の河原で打ち首にされるときに、この『法事讃』の最後にある文を読むのです。これは親鸞聖人も、しばしば手紙でも引用し和讃にも書いておられる文です。和讃で見てみますと、

五濁《じょくぞう》増のときいたり　疑謗《ぎほう》のともがらおおくして
道俗ともにあいきらい　修《しゅ》するをみてはあたをなす
（『高僧和讃』聖典四九六頁）

本願毀滅《きめつ》のともがらは　生盲闡提《しょうもうせんだい》となづけたり
大地微塵劫《だいじみじんごう》をへて　ながく三塗《さんず》にしずむなり
（『高僧和讃』聖典四九七頁）

このような趣旨の偈文を、後鳥羽上皇の前で安楽は唱えたのです。別時念仏を勧めたかどで殺されていくときに、それを読んだので、後鳥羽上皇はさらに激怒したといわれています、親鸞聖人は、和讃にするほどこの偈文を大事にされていた。これは竹中先生の受け売りですけれども、親鸞聖人の当時のご門弟の人たちは、住蓮、安楽が殺されたときの言葉である『法事讃』の文句を皆そらんじていて、いつでも口ずさんでいた。それだから、親鸞聖人もしばしば手紙に書いておられるのだと指摘しておられます。浄土を念ずる行事としての『法事讃』を勤めるということは、大変な意味があるわけです。

そしてここで注目をしなければいけないことは、これも竹中先生がまとめてくださっているのですけども、別時

念仏を勧める場は特別な場ではなくて、大衆が日常生活している真只中に、自他の願生を勧める法事の場を設けて、そこで浄土往生の念仏を唱えるという作法なのだということです。そして、皆が『法事讃』をテキストにして、参加者が全員持っているのです。そして、同じ場でまず僧侶が読んでそれを口ずさむ。次に参加者の中から僧侶に語りかけるように朗読する。つまり全員が同じテキストを持って、一緒に声を出して読む。それが経文と経に対する讃文で、それを全員が一緒に同じテキストを見ながらお勤めをする。これが特徴なのです、しかもそれは、経典の読み下し文なのです。法然上人の時代には、そのように訓読をしていたのです。

『法事讃』には、行道の作法とか、現在の儀式の中で行われているあらゆることが出てくる。ところが意外と、儀式をなさっている人でも、残念なことに『法事讃』をあまり勉強されてはいない。一部の人は、かなり勉強されていますが、実際に『法事讃』の通りにしてみようかという人は無いのです。体力的にも大変ですから。僕は、現代みたいな時代だからこそ、あえてした方がよいと思いますね。ですから、全文を意訳にして、新しい音楽をいろいろ取り入れて、現代の『法事讃』にして勤めたいと思っているのです。

4. 本願寺教団の儀式と制度化

一、覚如上人と初期教団

戦国時代から近世にかけての教団が、どういう儀式・作法を制度化していったかという史料はあります。親鸞聖人から三代目の覚如上人までは、だいたい『法事讃』や『往生礼讃』の「無常偈」を勤めていたのではなかろうかという記録があります。蓮如上人のころまでは、浄土教一般の儀式が行われていたようです。覚如上人のころは、念仏に和讃を加えてお勤めをすることが始まっていたらしい。これは、存覚上人の書かれた『破邪顕正鈔』に出てきます。

真宗教団の儀式と制度といいましても、そこには生活規範としての「掟」が深く関わってきます。法然上人が、当時の比叡山からの批判に対して、念仏者を戒める『七箇条制誡』を書かれました。そこには、親鸞聖人も「釈綽空」と署名をされているのです。これが親鸞聖人の生涯にとっては、非常に大きな意味を持ったわけです。門弟の中で、造悪無碍とかいろいろなことが起こったときに、「七箇条制誡」が誡めの原型になります。後の覚如上人、そして本願寺教団の中のさまざまな掟や誡めといったものの原型にもなっていきます。これを一番良く伝えているのは、『口伝鈔』と『改邪鈔』そして『御文』です。

二、戦国時代から近世の教団——寺院荘厳と制度の推移

ところが室町時代以降になりますと、本願寺教団が制度化されて発展していきますから、そのために教団統制のためのいろいろな制度が作られます。たとえば、「一門一家制」、「本末の関係」が設定されたのも室町時代です。

そして第三期は、江戸幕府の成立に伴って、教団も幕藩封建体制に対する順応体制を整えて制度化されていく。「寺檀関係」が、国の宗教政策によって作られていきますから、本末関係に寺檀関係というのが加わってくる。その中で教団の制度化が一層盛んになります。それは『真宗史料集成』という「史料集」に詳しく収められています。

儀式・作法に関するものも、『叢林集』とか『真宗故実伝来鈔』『稟承余艸』（相伝義書）などの資料があります。

そして、本願寺教団は蓮如上人の再興のときに、一つの掟からさらに制度化がより厳密になっていきます。東西分派した以降は、なおさらです。ただこの時期に、本願寺が門跡寺院になっていく。ということは、天台宗の儀式儀礼を、もう一度取り入れるということなのです。親鸞聖人が、そこから下りてきた比叡山、蓮如上人が悉く風呂を焚きながら焼いていった天台風の荘厳道具を、もう一度本山が取り込んで制度化していくわけです。これが門跡寺院になってから、はじまってくる荘厳の変化です。

そして、現在の大谷派の寺院の荘厳、内陣・外陣になっていったのは、さらに江戸時代の中期以降から明治に近い幕末の時期だといわれています。そんなに古いものではない、案外新しいのです。

大谷大学教授の草野顕之さんが、戦国期本願寺の中でどのように儀式が確立されていったのかを明らかにされています。なぜ本願寺で行われる通仏教的な年中行事は、修正会と彼岸会と盂蘭盆会の三つに限定されているのか。その歴史的理由、教義的根拠を研究されているのです。『真宗大谷派の荘厳全書』の荘厳論の所に収まっています。こんなことされている人は、あまりおられません。

確かに、本願寺として年中行事化しているのは、修正会と彼岸会と盂蘭盆会の三つなのです。涅槃会、成道会はしていない。他宗派では、全部しています。釈迦・弥陀二尊の教えですから、浄土真宗も本当は釈尊の行事をもっとしてもよいはずです。ところが、花まつり（降誕会・灌仏会）も正式にはしていない。降誕会、涅槃会、成道会は、なぜ採用されなかったのか。

結論的なことといいますと、門末全般の中で本願寺で催される年中行事、修正会と彼岸会と盂蘭盆会に参加できる者は、直参身分であったということです。年中行事の主催者は、宗主つまり門主です。重要な宗教的儀式ですから、そこに参加を認められた者は、一層本願寺の宗主に誓いを立てていく。つまり、直参身分の設定は、本願寺の経済と宗教的権威の強化を伴っていたということです。それが、円如上人（円如は九代実如の子で、十代証如の父であるが、実如より早逝したので歴代に入らない人物）による、教団統制のための制度改革の一環であったと結論づけられています。たんに年中行事をするということではなくて、非常に大きな深い配慮と目的があって、儀式化ということがされているわけです。

さらにこれが東西分派して、近世から幕末維新の時代になりますと、教団の制度化が今までと違った形で始まります。

三、教団の近・現代史

国家と仏教の緊張関係が、明治になったときに始まります。本願寺は、いうなれば幕府を重んじていた立場をとっていて、その幕府が倒されてしまい王政復古した明治政府に忠誠を誓うという形でないと、生き延びていけないという状態がもたらされていきます。このときに、「北海道開拓開教」を明治政府に出願する。さらに何万両という献金を、当時の明治政府にする。その献金が、門末にものすごい負担をかけて集められ、本願寺教団が存亡の危機を脱していこうとするわけです。

しかし、国家のほうも一八七〇（明治三）年に「大教宣布」を出します。これは神道国教化と、その国民教化による国民精神の統一を図るもので、大教院というのができて教導職が設けられます。教導という言葉は、このときにできたのです。つまり大教宣布の運動の中央機関では、神主と仏教の僧侶が同じ場で、僧侶も神主みたいな格好をさせられて、一緒に国家神道の祝詞を上げなければならなかった。その屈辱に耐えられないから、脱退し信教の自由を確立しようとした人が、西本願寺の島地黙雷らの人々です。むろん大谷派も脱退していきます。

この時期に、大谷派は「坊官制度」を廃止します。それまでの大谷派の制度は、法務に関しては僧侶が、財務に関しては坊官、つまり寺侍がしていた。それを廃止しまして、僧侶による自治組織として教団の組織を確立するわけです。これも国家が統制管理しやすくするため、明治政府からの強い要請があったためです。そうして国家の中央集権というものに伴って、宗教各団体も中央集権化させられていく。

その元になりますのが、国家が統制管理しやすいように、各宗派に『宗制』を作れというお達しがあって作られたのが、一八八三（明治一六）年の『大谷派寺法』です。各教団の代表は管長であると義務づけられます。一八八六（明治一九）年に、『宗制寺法』が制定されます。これは宗制に基づいて教団独自の政治体制を作っていくわけで、「大谷派は本山は法主の専領である、それが管長になる」、それに基づく宗務職制ができる。今の宗務職制の原型です。そして「相続講制度」も、この前年にできてこの明治十九年から動き出すということになる。今のシステムのほぼ原型が、ここでできていく。

そのときに、『宗制寺法』で初めて「寺格を五等、院家の寺跡を五類として、教師を十三級とする」という決まりが作られる。これまでは、本山の報恩講に本当に一門一家とか直参衆の者だけが出仕できたわけですが、この等級が「寺格・堂班」の元になるもので、相続講でたくさん上納した人に功績として、お寺の位も上げ僧侶の資格も増やして、本山に出仕できるようにした。そして儀式作法も、このころから、だいたい今のようなものになってくるわけです。ですから、今している本山もしくは我々の寺での報恩講の内陣出仕の作法は、ここで初めて法制化されて、ここから始まるといってもいい。一般寺院にまで自由化されてきたといえば、自由化なのですけれども。

一八九二（明治二五）年に、「酬徳会」が始まります。これは「真俗二諦」の「俗諦」をあらわす国家安泰の行事として、日清戦争、日露戦争の戦死者の法名を記する行事です。宗教的真理として浄土真宗の教えをあらわす「真諦」の行事は報恩講で、しかし国家と共に世俗の世間に生きるご恩にも報いるために、酬徳会を「俗諦」の儀式としてしたわけです。「真俗二諦」をあらわす儀式は、ここで始まるわけです。つい最近まで、これがずっと続いてきました。いろいろと問題になって、「酬徳会」という名称は廃止しましたけれど、今も春の法要のときに、「師徳奉讃法要」と名称をあらためて続いています。私は宗議会議員のときに、「酬徳会を廃止してください」と質問を何度したことか。これは大日本帝国が敗戦したときにやめるべきだったのです。

そして、一八九五（明治二八）年両堂が落成しました。このころに、軍隊・監獄などに布教使を置く制度ができます。そしてこの年初めて、「議制局」が置かれます。非常に限定されたメンバーでの、議会制度が始まります。ところが、この議制局が不十分なもので、一般寺院の意見が全く考慮されないものでした。また、教学に重きをおいていない、財務ばかりの教団のあり方に対して、一八九六（明治二九）年白川党の清沢満之たちによる寺務改革運動が起こるわけです。これで少しずつ議制局が充実していくわけです。けれども、まだなかなか議会制度の確立にはいたっていないのです。

一九二九（昭和四）年に、『宗憲』が制定されます。これが今の宗憲の元の形になるわけですが、この『宗憲』の中でも、寺格がさらに十四等級、新たに教師を十三等、堂班の制度が五級十九等という形で作られます。そして、一九三一（昭和六）年には「堂班条例」が定められ、進席・継席・対配などが決められます。これが今も続いている、私たち真宗大谷派の制度のほぼ原型です。

次が問題なのですが、一九四一（昭和一六）年、太平洋戦争が始まる年です。すでに「治安維持法」ができていて、多くの戦争に反対する人たちが牢屋に繋がれたり殺されたりしていきます。そして「国家総動員法」ができて、総動員体制ができる。それに応じて、国家は「宗教団体法」を作ります。キリスト教は日本キリスト教団にまとめようとか、天理教も大本教も日蓮宗も真宗も全部各宗派がバラバラでは困るから、宗教団体法でまとめるという乱暴な内容です。大谷派の宗派の目的が、宗派の教化・儀式を行う以前に、まず国家安泰のために戦勝祈願する教団であると位置づけられていくのです。非常に痛ましい歴史として残っています。大谷派も、そういう形での教団組織制度を残さずにはおられなかった。そういう両方の問題を、戦争責任の問題としてどう検証していくかという課題が残っています。

一九四二（昭和一七）年に、女性の得度を許可し、一九四四（昭和一九）年に、女性の教師資格を認めました。記録によりますと、明治の初めに女性が何人か教団に私も僧侶になりたいと申し出たそうですが、女は得度できないと断られたそうです。それがこの年に、初めて得度が認められたのは、戦争中で男を兵役に取られたからで、お寺で法務をする者が居なくなったからです。苦肉の策で、女性の教団への参加が公式になってきたのが、この時期からです。

そして日本の敗戦後、一九四六（昭和二十一）年に、『宗憲』が制定されます。この『宗憲』が、戦後の同朋会運動を生み出すわけです。その中で寺格は十四級、堂班は五等二十級に広げられていきます。一九五五（昭和三〇）年に、同朋奉讃式が制定されます。これは御遠忌に向けて。そして一九五六（昭和三一）年には「昭和法要式」が制定される。そして一九六一（昭和三六）年に、宗祖七百回御遠忌法要、翌年に真宗同朋会運動が始まる。一九六九（昭和四四）年に「開申」問題が起こる。これは大谷法主・管長による宗門法規違反という事件です。ここから教団問題が始まる。そして一九八一（昭和五六）年に『宗憲』が改正され、「宗本一体・同朋公議・法主制廃止」

が実現されて「門首制」になる。今の私たちの教団の基本法規になっている『宗憲』が、このときに制定されるわけです。

かなり駆け足で、近代から現代までを見てきました。

5. 儀式を問い、法事を創る

一、私の「報恩講問題」顚末——一九八七年南溟寺報恩講の勤め方をめぐって

次に、私自身が報恩講を組内で問題提起してきたその顚末です。私の寺は、大阪教区二十二組で、堺から南の五市一郡一町にまたがって、十八箇寺しかない中の一つです。「国寄講」という伝統行事もやっていまして、報恩講は全部参り合いです。皆大体二日間勤めて、大阪では珍しいところです。報恩講の参り合いの中で、色衣五条で内陣出仕で堂班出仕というのが、ずっと行われてきたわけです。

一九八七（昭和六二）年に、私は、

「今年の南溟寺の報恩講は色衣ではなく黒衣五条で、そして内陣出仕はしないで外陣で年齢順でお勤めをしたいと思いますのでご協力ください」

というご案内を出した。実は十二、三歳のころから、お寺の行事の際にお坊さんが本堂の一段高い所の内陣で並んで座ってお勤めをすることに、何か疑問を抱いていた。内陣出仕の稽古もして、本山に参ったりしましたし、組内

の行事にも付き合いですから参加はしていたのですけれども、自分の中で居心地が悪かった。それをどこかで、はっきりといわなければいけないと思っていたわけです。あまり若いときにいいますと、若い癖にといわれる。年を取ってからいっても、ええ年してといわれる。どれくらいが一番いいかと考えて、四十歳くらいにいったらいいだろうと、それまでいろいろと蓄積しておきまして、ようやく問題提起しました。

これが組内の人にとっては、ビックリ仰天なわけです。組会から厳しく、

「あんたのやっていることは『宗憲』違反、儀式条例にも違反し堂班法衣条例にも違反する。こんなことでは組内はまとまらないから、あなたの寺には参らない」

と、半分くらいの人からいわれました。

査察委員会にもかけられたのです。査察委員会の結論は、「何も問題が無い」ということでした。その当時、各寺の報恩講を住職の裁量でどういう形で勤めようとも、報恩講を勤めることが大事であって、組内の決まり通り勤めないということは、決して宗門法規に違反していない。そういって返されてきたのです。

しかし、組内でしこりが残ってしまいました。いろいろ議論があった中で、交代した組長さんが民主的にやっていかれる方だったので、あんたに三時間程あげるから、自分のいいたいことをいいなさい、根拠もいいなさいと。その代わり、儀式の問題で、自分たちの意見も、近松先生にも来てもらって三時間講演してもらうと。その上でまた臨時組会を開いて、戸次のやり方に賛成か反対か議決すると。あなたが負けたら、以後組内のルールに従ってくれと、あなたが一票差でも勝ったら、組内は一切クレームはつけないということで学習会をしました。そこまで本気になって、報恩講の勤め方に関して議論をしたのです。有難かった。二票差で勝ったのですよ。決着がついてから、納得して文句いいながらも来てくれます。自分の足元のお寺の問題をどうするかということは、非常に大切な

ことですね。

このころは、教団内でも部落解放同盟からの糾弾を受けて、「寺格堂班」の差別性が問題になっていた時期でした。そして宗務審議会の「答申」（一九八七年）を経て一九九一（平成三）年に「寺格」制度が撤廃されたのです。

（『部落問題学習資料集』一六五〜一八六頁、参照）

二、なぜ内陣出仕を問題にするのか

私が、なぜ内陣出仕を問題にするのか。内陣出仕が差別かどうか？　これは、儀式を担当しておられる方のいい分もありますし、いろいろな意見がありますので、私の一方的な見解が含まれています。ですから、一つの問題提起として聞いていただけたらと思います。

覚如上人の『改邪鈔』を見ますと、

つぎに、堂をつくらんとき、義《ぎ》をいうべからざるよしの事。

おおよそ造像・起塔等は、弥陀の本願にあらざる所行《しょぎょう》なり。これによりて一向専修《いっこうせんじゅ》の行人《ぎょうにん》、これをくわだつべきにあらず。されば、祖師聖人御在世のむかし、ねんごろに一流を面授口決《めんじゅくけつ》し奉《たてまつ》る御門弟達、堂舎を営作《えいさく》するひとなかりき。ただ道場をばすこし人屋《にんおく》に差別《しゃべつ》あらせて、小棟《こむね》をあげてつくるべきよしまで御諷諫《ごふかん》ありけり。中古よりこのかた、御遺訓《ごゆいくん》にとおざかるひとびとの世となりて、造寺土木のくわだてに及ぶ条、仰《おお》せに違《い》する至《いた》り、なげきおもうところなり。しかれば、造寺のとき、義をいうべからざるよしの怠状《たいじょう》、もとよりあるべからざる題目たるうえは、これにちなんだる誓文《せいもん》、ともにもってしかるべからず。（聖典六八四頁）

とあります。また、

道場と号して、簷《のき》をならべ牆《かき》をへだてたるところにて、各別各別《かくべつかくべつ》に会場《えじょう》をしむる事。（聖典六八六頁）

ともいわれています。覚如上人がいわれたかったことは、道場をことさら特定する必要はない、どんな場所でもい い、そこが道場になるということです。そして、人が集うたら、そこに本尊を懸ければいい。これは親鸞聖人も直接なさっていた、移動教室のようなもので、動く本尊と道場です。覚如上人も、そういうことを確認しておられるわけです。なぜなら、真宗の本尊は、「帰命尽十方無碍光如来」であり、その本尊のおわします所は、虚空に見ても果ての無い場所だから。しかしながら、私たちは聖道門を捨てて浄土門に入るという立場から、凡夫と共に歩むためにあえて道場と名づける場所を設けて本尊を安置する。これは念仏の行者が集う場所であると、いわれているわけです。

この道場の具体的な形は、内道場と物道場といいまして、内道場は、民家を道場として使った物。物道場は、特に集会の場所として民家以外に本尊を懸けて集まる場所として作られた。この物道場から始まったというお寺も、よくあります。そこにはいたずらな権威づけも差別も無い、真宗の聞法の道場として相応しい形が示されていたのです。

ところが、覚如上人自身が、廟堂を本願寺という寺に仕立て上げていかれる。これは本願寺は教団として別だという考えだと思うのです。その根拠は、親鸞聖人の血を引く私は法統を面授口訣したものだからと、『改邪鈔』（聖典六九六頁）に書かれていて、三代伝持ということがうたわれているわけです。ここは矛盾しています。

この当時の門弟の人たちが伝えた親鸞聖人の言葉が『歎異抄』です。そして親鸞聖人の血を引く覚如上人が伝えたものが『口伝鈔』、そして教団の制度を整備していこうと、覚如上人が書かれたものが『改邪鈔』。儀式報恩講を確立していこうと、覚如上人が書かれたものが、『報恩講式』そして『御伝鈔』。こういったものが作られていくことによって、本願寺教団の儀式や制度が確立していくわけです。

また覚如上人自身が、公家と猶子関係になります。猶子というのは名義だけの養子になって、朝廷から律師の位を貰う。ですから以後、公家と関係のある朝廷から律師の位のあるその覚如上人がまします本願寺は、勅願寺院になっていきます。つまり勅願、天皇のために国家安泰を祈ることを許可された寺。勅願寺院になりますと、それに相応しい荘厳をしなければならない。ということで、天台風の荘厳が取り入れられていくのです（元弘三⸨一三三三⸩年、護良《もりなが》親王令旨で祈禱所となる）。

しかし、蓮如上人になったときに、天台の風が一旦撤廃されます。蓮如上人は、平座ということを徹底して行われました。大阪教区の御遠忌法要のときの記念の行事として、蓮如上人の当時の山科本願寺での報恩講を復元する「復元法要」を、仁科さんのアドバイスをえて当時の史料を元にやってみたことがあるのです。蓮如上人の時代では、内陣と外陣の境に上下の段も無かったのです。いわゆる平座です。同じところで、蓮如上人が座られた場所が、内陣と見なされるということです。そこで一般の在家の人も、一緒に座ってお勤めをした。衣も非常に粗末な紙子の衣のようなもの、絹の小袖なんかも一部使っていましたけれども、足袋は履かない。そういう平座というものに、蓮如上人はされていたわけです。結界というのも、もちろんなかった。これは、後にできてきたものです。

ところが、蓮如上人以後、次の実如上人になりますと、段々様子が変わってきまして、実如上人というのは非常に声がか細くて声が出ない。そこから巡讃というのが、法主に代わってされるようになったといいます。その内、御堂衆という、お勤めの専門職が出てきて、本堂がドンドン広くなってきますので、皆が聞こえるように大声でお勤めをする、スピーカーの役割をしていたわけです。それが外陣方になってくる。実如上人以降、ドンドンそういうふうに、内陣と外陣に分かれて、十代目の証如上人の時代には、権僧正を勅許され天台宗の袈裟や宮中の色衣・束帯をつけた位冠が入ってくるわけです。

袈裟といっても、その当時それを着れるのは門主一人であって、他の一般の僧侶は皆黒衣だけだったといいます。白衣も門主一人が着て、他の者は普通の着物の上に黒衣を着ていただけ、そういうことも記録に残されているわけです。

やがて十一代顕如上人のときになりますと、朝廷から門跡の位を与えられます。院号を自ら名のったのは蓮如上人です。信証院という院号を、自ら名のられます。門跡資格を受けたのは顕如上人、この顕如上人のときに、いわゆる一向一揆で織田信長との戦いが始まるわけです。門跡というのは、皇族などが住職になる寺院の名跡ですから、それに任命されますと格式もつきまして、それに伴って本山と末寺の関係が強化されていきますし、中央集権的な本願寺教団の体制ができてくる。以後道場であった場所が次々とお寺になって、いわゆる坊主分が門徒を仕切っていくという形が、少しずつできてくるわけです。その中に段々と上下関係が忍び込んでくる。

そして近代、明治に入ってからは、色の衣が段々増えてきて、「寺格堂班」が本山への上納金の上げ具合で左右されるようになってきた。相続講制度もそれにスライドしているわけです。ですから明治の初めに「寺格堂班」ができたのは、それによって本山で出仕できるということです。本山で出仕できることは、その当時としてはすごい特別待遇、出仕の自由化が始まったわけです。その当時の寺格の名前が、「五箇寺、巡讃、国巡讃、由緒、別助音、院家、内陣、余間、堂衆、飛檐、外陣」と細かくされています。内陣に座る等級も、堂班として上座、准上座、本座で、本座が一等から十等、准本座、平座まで三等、それによって身に着ける衣の色や袈裟の種類もスライドしていくということが、一九九一（平成三）年まで続いてきたわけです。女性、一般の衣を着ていない者は入っていけない場として、在家と僧侶の区別を内陣と外陣という形ではっきり分ける、そこに入る優先順位も寺格堂班で決まっていた。

こういうことが、はたして親鸞聖人の教えを現代に表現する寺院のあり方、儀式のあり方といえるだろうかということを、その当時みんなと一緒に問題にしてみたかったから、先ほど報恩講ということを出したわけです。

ただ私は、内陣出仕を何でもかんでもあかんというつもりはないのです。もっと内陣もフルに活用して誰でも入れるように、黒衣に統一する必要もないと思います。赤でも黄色でも青でも黒でも、好きなものをカラフルに着て、出仕は来た順に内陣でも外陣でも好きな所に座ればいいと思います。特別な場所にしてしまったら、内陣は専門職のものがお勤めする場所、外陣はただそれを聞く参詣席、こういう形になってしまっていたら、真宗教団の同朋唱和にならないとずっと思っています。せっかく内陣があるのですから、お寺のあり方に対して私たちのできることを考えて、荘厳論からいいますと無限の可能性があるわけですから、何をしてもいいということで、新たな現代の荘厳を作っていけばいいのではないだろうかと思っています。

ただ内陣出仕に関わる教団の歴史で残存するのが、女性差別と「寺族」と「坊守」制度の問題です。

女性の住職就任が条件付きで認められたのは、一九九一（平成三）年でした。さらに一九九六（平成八）年に、条件もなくなりました。しかし、なお優先順位として「卑属系統」世襲規定が残されています。それに基づく制度が「寺族」なのです。そして「坊守」制度は、男性しか住職になれなかった時代に、住職の配偶者を「坊守」と称することが定められたのです。大谷派では「坊守」の位置付けが「住職の配偶者」という臨時の措置のままになっています。女性室発行『あいあう』に、この間の論議がのっています。私は自分の提案としては、「寺族」という言葉をやめて、それに代わって男も女も「坊守」になって坊守の中から住職も選ぶ、副住職も選ぶようにしたらどうか。坊守は女やないといかんという人がいますが、私は「寺族」という言葉は撤廃すべきだと思います。つまり「寺族」とは何かというと、住職と同姓の寺院内家族のことなのです。それ以外に、縁あってどこかのお寺に所属し、得度して宗門に所属したからといって「寺族」ではない、「異姓衆徒」というのですよ。「寺族」の規定からはずされているわけです。「寺族」が会議してこの人も「寺族」と認めようと決定したらなれる。そんなことまで書いてありますけども、これもおかしいですね。そういう問題も残されている。これは、「皇族」という語と同じことです。「族」で人間をくくるのは、いかがなものでしょうか。

ちなみに浄土真宗本願寺派では「寺族」であれば誰でも、それは得度していようがしていまいが、帰敬式あるなしに関わらず、「寺族」に入っていたら坊守になれるという制度に変えたのです。これは一つの方法、見識だと思いますけども、私は「寺族」という言葉を残していたら、同朋教団としては不自然だと思います。

三、仏祖崇敬の今日的意義とは——仏祖崇敬に関する重要な指摘

そこでもう一つ、「仏祖崇敬」に関することです。一九九八（平成一〇）年の六月の宗議会で、能邨宗務総長の演説の中に、

「思うに、仏祖崇敬の念ない聞法学習は、単なる仏教の知識の習得に過ぎません。さらにまた、聞法の念なき法要儀式は、真実の目覚めをよそにした呪術的迷信に堕してしまいます。さらにまた、崇敬の念なき儀式作法の習得は、単なる権威主義にとどまってしまいます」

これは重要な指摘です。

私は「仏祖崇敬」の意味がわからないのですよ。『宗憲』にも、仏祖崇敬の定義づけは無いのです。けれども、仏祖崇敬というと、わかることになっているのです。仏祖は、如来様と祖師聖人と七高僧、私たち念仏者にとっての先輩たち諸仏です。崇敬という言葉は、大谷派独自の用語なのです。ちなみに、浄土真宗本願寺派ではそんな言葉は無い。いうとすれば、「本山護持」だけです、それもどうかと思うのですけれども。

では、仏祖崇敬とは何か。

これは私なりに自分で納得するようにしたのですけれども、この「崇敬」という言葉は、二つの言葉が組合わさっていると思うのです。一つは『教行信証』「総序」の文に、

ただこの信を崇《あが》めよ。（聖典一四九頁）

とあります。また『浄土論註』には、

かるがゆえに知りぬ、帰命《きみょう》すなわちこれ礼拝《らいはい》なりと。しかるに礼拝はただこれ恭敬《くぎょう》にして、必ずしも帰命ならず。帰命は（必ず）これ礼拝なり。もしこれをもって推するに、帰命は重とす。（「行巻」聖典一六八～一六九頁）

とあります。

つまり「崇」という言葉は、ただこの信を崇めよ、信心をあらわす言葉、いわゆるここでいう帰命ということです、帰命というのは、信心です。そこに「恭敬」という言葉をつけた。恭敬は、礼拝する形のみをあらわしています。ですから、ここでも帰命は礼拝という形を必ず取る。しかし礼拝は、敬うという形にすぎないから、必ずしも帰命の心、信心があるといえない。しかし、帰命は必ず礼拝を伴う。この二つの言葉が組み合わさって一体化すると、「崇敬」となるのだろうなと思います。誰が考えたかは知りませんが、大事な言葉だと思います。

つまり、我々が仏祖に礼拝し恭敬する形だけにこだわって、型どおりに儀式はしているけれど、だからといってそこに帰命の信が、つまり教えに聞いて呼応する心が呼び覚まされているとはいえない。それが『浄土論註』の言葉です。もっといいますと、儀式の伝統にとらわれて、帰命の伝統を見失ってはいないかという厳粛な問いかけが、崇敬という言葉から響いてくるような気がしてならないわけです。そうしますと、仏祖崇敬という言葉が言い当てようとしている、重要な意味があるのではないかと思ったりします。

大阪准堂会の機関紙に「寺の本堂の内陣は阿弥陀仏を中心としたお浄土を模したもので、その中で儀式を執行するのが僧侶の役割となります。御本尊阿弥陀如来を囲むように楯状に並ぶ姿は、如来の説法を聴聞している菩薩の形を取っていると言われます。内陣に座す僧侶は浄土に見立てられた舞台で菩薩の役を演じているのです。外面所作は菩薩として振舞わなければなりません」と書いています。どこにこんなことの数学的根拠があるのでしょうか。歴史的なことを押さえてみると、今のお寺の内陣出仕のあり方は、明治に入ってからできたものです。もちろん親鸞聖人も、蓮如上人ですらあんな作法をされていたわけではありません。ですから、『浄土和讃』に、

安楽声聞《しょうもん》菩薩衆　人天《にんでん》智慧ほがらかに
身相荘厳《しんそうしょうごん》みなおなじ　他方《たほう》に順じて名をつらぬ
（聖典四八〇頁）

と書いてあります。安楽国土では声聞も菩薩もいちいち姿形違わなくても普通のままでいいのだ、皆同じになるのだと、このようにいわれています。ですから、現在のあり方というのは、なにか儀式化して制度化してしまった中で、滑稽なことをしてしまっているのではないだろうかと思います。

能登の二俣和聖さんが、

「儀式作法というものを、最も厳粛かつ盛大に行なえば行うほど、同朋社会を分断し差別する役割を果たしてしま

うことに目を留めなければならない」

という言い方をされています。ですから、声明の面からそれを見ると、現代社会に生きている大衆に全く通じない言葉の羅列に終始する儀式になっている、私たちの儀式法要のあり方をどうするのか。最終的に私は、法事をどう勤めるかという問題として、提起しているわけです。

もう一つ、内陣出仕に関しての問題があります。一九九六（平成八）年に、門首継承式が行われました。このとき私も参加して、大変驚きました。全て外陣で行われました。今までは、我々の寺の住職の継承式でもそうですが、特に本山では七条袈裟を着けて内陣で重々しく儀式をするのが通例でした。ところが『宗憲』が変わった今度、儀式も変わってくる。私は、門首継承式で「恩徳讃」をうたいながら、ある感慨を覚えました。ああ、やっと「師主知識の」という言葉が、本来の意味に戻っていこうとしていると。でも、本当にそれが、私たちの教団人の問題意識として深まっていくのだろうかとも思いながら。

師主知識とは、釈尊をはじめ三国伝来の七祖等の師主知識（よきひと）のことですが、本願寺教団では長らく、それを歴代の宗主（門主・法主）と重ね合わされてきました。本願寺教団は、時代と共に、宗祖親鸞聖人当時の専修念仏の同朋教団の姿から離れた、貴族的な寺（門跡）になっていきました。その留守職は別当になり、やがて宗門を統括する宗主となり、師主・善知識と称されるようになりました。師主こそが、唯一の「教える側」（能化）であり、その下にある僧侶・門徒は、皆「教えられる側」（所化）だとされました。師主はあたかも、「生き仏」のようなカリスマ性をもった信仰の対象となりました。さらには、師主に従う住職は、いわばミニ師主（法主）として他の僧侶・門徒・女性に対するという主従関係が作られてきました。

それを根っこで支えてきたのが、血統信仰による世襲制なのです。大谷派では、一九八一（昭和五六）年に『宗憲』が改正されるまで、「浄土真宗の法統を伝承するものを師主とし、法主と称し、本山本願寺の住職がこれに当る。法主は、広く人心を教化し、本派における宗意安心の正否を判ずる」地位として、法主制が続いてきました。すごい内容なのですよ、破門権を持っているということがありました。

教団問題の試練の中から、新たな『宗憲』が制定され、法主制を廃止して、象徴としての門首制が定められました。それはどこまでも「僧侶及び門徒の首位にあって同朋とともに真宗の教法を聞信する」という位置づけです。この門首の位置づけに基づいて、法要が行われるわけです。そのときの儀式は、すべて外陣で行われました。門首が内陣に入ったのは、焼香するときだけです。新宗憲に則ったらこうなるわけです。私は新鮮な感じでしたし、私たちの寺のいろいろな行事のあり方を、自己点検していかなければならないということを思わされました。ですから報恩講のあり方も、今度の七百五十回御遠忌をどんな勤め方をするのか、どんな法要にするのかということも、考えていかなければならないのではなかろうかと思います。

参考資料
『大谷派の声明と荘厳』足利演正（『岡崎教区教化センター紀要』第一号、一九八五年一月、真宗大谷派岡崎教区教化委員会）
参考文献
『聲明考』羽塚堅子著（守綱寺聲明会、昭和四年六月発行）法藏館から復刻版

差別問題に照射される儀式と制度（二）

1. 真宗の儀式論

一、寺に生まれ育って

私は、自分の歩みの中で儀式の問題を突き詰めて考え続けてきました。そして、いろいろな試みをしてきました。そのことの紹介と報告も含めて、皆さんと一緒に儀式を表現の問題としてどうとらえていくのか。そして、差別という観点から照らし出すと、私たちの真宗大谷派の仏事、儀式の中にはどういう問題がはらまれているのかを考えていけたらと思います。

まず、なぜ私が儀式の問題にこだわるようになったのか、自分史のようなことから始めたいと思います。私は、大阪府泉大津市にある大阪湾の海に近いお寺に、一九四八年に生まれて育ちました。私は、九歳で京都に連れてこられて得度をさせられました。それから、祖父が経机を置いて、向かいに座って昔の人がするみたいに、仮名のついていない漢文の「浄土三部経」を、毎日練習させられました。子ども心に「何が書いてあるの」と聞くと、「そんなことまだ知らんでいい、大きくなったらわかる」といわれた。とにかくお経を丸暗記しなさいと。子どもですから、意味がわからなくても、『阿弥陀経』ぐらいはすぐ覚える。ご門徒さんの家に行って読経をすると、お布施をもらえる。何でこのお布施がいただけるのか、大して労働もしないのに。漢文のお経をむにゃむにゃと称えてお布施を貰うということが、自分の中で疑問でした。

中学生になったとき、寺という場も、寺に出入りする組内のお坊さんたちも、父親も祖父もみんな含めて嫌いになりまして、一番に自分が嫌いになって、なんとか脱出したかったのです。

デビューしたころの、指揮者小澤征爾の『僕の音楽武者修行』という本を読んで感動しました。それで私は、「そうや、僕は指揮者になるんや」と秘かに準備をしだして、ピアノを習い始めたりしたんです。ところが、父親が私が十六歳のときに死んでしまいまして、寺を逃げ出していくことができなくなった。実際に寺をやっていかないと経済的に困ってしまいますし、門徒の人も私を「お経読み人」として期待をして見張りに来ましたから、いささかノイローゼになって悶々としながら続けざるをえなかったのです。

そのころに、父親が残してくれた、米沢英雄先生の『もう一人のあなたへ』（文明堂）という本と出会ったことは、私にとって悩みを解消して、仏教というものに眼を開くきっかけになったわけです。米沢先生は、もう亡くなりましたが、福井県のお医者さんで、曾我量深先生の教えに非常に深く傾倒しておられた方です。悶々としている私に、「お前にはもうひとりのあなたというのがあるのだ」と、呼びかけているように聞こえまして、一体それは何なのか、もっと突っ込んで聞きたくなって米沢先生に手紙を書いた。そのことがきっかけになって、先生のお宅に遊びに行ってお話を聞かせて貰ったり、講演を聞きに行ったりということが始まりました。

私が、先生から身をもって教えていただいたのは、「お念仏しなさい」ということです。

「なんまんだぶつというのは、たんなる呪文でも言葉でもない。食べものやから、いのちの糧やから、食べもんと思って食べなさい。食わず嫌いにならんと、まず、なむあみだぶつといういのちの糧を朝夕食べなさい。起きているときは、気がついたらお念仏をしなさい」と。私にとってこの米沢先生との出会いが、非常に大きかったのです。

私は高校時代に、牧師の息子の友だちに誘われて、キリスト教の教会に行ったことがあるのです。そこに集まったものが皆、同じように『聖書』を開いてそれを基にしながら儀式もし、説教も聞いている。そして賛美歌はまさに神を誉め称える。説教によって、イエスの生き方や教えが胸に届いてくる。そういうものを一つの宗教音楽として体験しました。キリスト教は素晴らしい面があると。仏教も、このようにわかりやすく伝道する手段を持てないものかと思ったものです。そのことを、当時から周りのお寺さんなどに意見をぶつけましたけれど、まるで相手にされませんでした。「仏教のお経とは、儀式というものはそんなもんやないんや、耶蘇教のまねをしてどないするんや」、という程度でした。

ただ、そのころ、金子大榮先生が、「口語訳『教行信証』」を出版されました。一九五五（昭和三〇）年です。金子先生の翻訳は、確かに口語訳にはなっているけれど、よけい難しい。後書きの中で、「聖典の口語訳というのはこれから私にとって大きな課題だし仏教者にとっても大きな課題なのだ」を書かれています。こんなことをしている人も、おられるんだと思いました。

父親が早く亡くなりましたので、大谷大学を卒業したその年に、二十二歳で住職になってしまう。よくわからないまま、周りの人に教えてもらいながら、一応形どおりの儀式や作法を身につけて、葬式や法事、命日参りに出かけるようになるわけです。教区内の研修会や本山の伝研にも参加して、教学研鑽の中から、自分の生き方に本当に自信を持てるようになろうと学んでいくわけですけれども、少しずつ教学にふれて、仏法、真宗のすばらしさが身に染みてわかるようになる。しかし、仏法を布教伝道することと、教団の伝統的な意識とは、あまりにも大きな乖離があるのではないかと思うようになります。

二、戦争責任と靖国問題

私は、大谷大学で東洋仏教史を専攻しました。仏教の歴史をトータルに学んでいきたかったわけです。そこで稲葉正就先生に出会いまして、先生に惹かれてチベット仏教のゼミに出るんです。その中で、広く仏教の歴史全体を知ることになります。

大学院修士課程にいき始めたころに、仏教の歴史を辿ってインドから中国そして日本、そして親鸞聖人から蓮如上人、近代から現代までの仏教の通史にふれていった時に、近代の仏教のありさまを知らされる史料を目の当たりにして、かなりショックを受けました。

それは戦争協力、戦争責任の問題です。「本当かなあ」と思いました。親鸞聖人の名を掲げる教団が、東本願寺も西本願寺も挙《こぞ》って、日清・日露戦争から始まる近代日本のなかで、仕方なく戦争協力したのでなしに、むしろ積極的に国策に順応して戦争に協力してきた。国の決定したことには全く疑いも持たずに賛同し、教団あげてお金も物も人的資源も全部そこに投入してやってきたわけです。国策と一体になって、まさに国家の一翼を担ってきたということは客観的な史料で明らかにされます。

もちろん、その時代には教団ではまだ戦争責任という言葉を使っていませんでしたし、私もよく知りませんでした。

当時一九六七（昭和四二）年に、日本キリスト教団が「第二次大戦下における日本基督教教団の責任についての告白」を全世界に向けて発表した。この時初めて戦争責任という言葉があるということを知りました。仏教徒で初めて戦争責任をいったのは市川白弦という方でした。その人が名著『仏教者の戦争責任』（春秋社）を書かれ、一九七〇年に出版されました。この方は臨済宗妙心寺派の人です。花園大学の学長までされた。臨済宗の禅宗のお師家さんで一番トップに立った人ですけれど、後年、講演に来てもらおうと手紙を書きましたが、「私は、もう千葉県の方に引っ込んでいて、臨済宗妙心寺派の教団の現実にがっかりして坊さんやめました。老体で病身でもあるので、せっかくのご招待ですが行けません」と丁寧な返事が来て、びっくりしたのです。

それにしても、この方の書かれた仏教者の戦争責任論は、今日いよいよ新しく響いてきます。『市川白弦著作集』（法藏館）に収められています。

私は、大谷大学で学びながら、お寺の住職もして現場で儀式、法要などをやっている。その時代、一九六九（昭和四四）年に大谷派教団に「開申」という、大谷法主自身による宗憲違反行為が起こりまして、教団の問題、混乱が始まった。同じ年に、大阪の難波別院の輪番による差別発言事件が明るみになって、部落解放同盟から糾弾が始まりました。

そしてこの年は、奇しくも靖国問題が始まった。国会に靖国神社国家護持法案が提出されて国論を大きく二分する反対・賛成議論が噴出した。衆議院を可決して参議院で否決された。以後三年間ずっと靖国神社を国家護持するという法案が出されていきます。三年目に参議院で否決されて廃案になり、政治問題としての靖国問題は一応そこで決着がつくわけです。そこからまた、「英霊にこたえる会」とか「日本を守る国民会議（現日本会議）」という形でキャンペーンが浸透していきました。

今も靖国問題は、小泉首相のそれに先立つ中曽根首相の公式参拝という問題として、依然大きなテーマとして、日本の社会の中にあります。その靖国問題が政治問題として起こったのも一九六九年でした。

靖国問題とは何なのか。私も教団も、憲法問題、信教の自由の問題だとして、国が特定の宗教、靖国神社という宗教法人に経済的支援をしてはいけない、政教分離だという憲法の範囲の中の靖国問題に取り組みだしたのです。

ところで、その靖国に祀られている戦没者たちを生み出したのは私たちの教団です。そしてかつては「死ねば靖国に護国の英霊として祀られる。尚かつ極楽浄土に往生できる。私たちは二重の幸せ者である」。戦争中はこういう内容のお説教をしてきた。戦争中には、暁烏敏先生が一番こういう説教をたくさんしておりますけど、金子大榮先生、曾我量深先生も清沢満之先生以来の近代教学の中でもみな同じ過ちを犯してしまった。

教団の中で、個人的に反戦、非戦の言葉を述べて捕らわれたり、闇に葬られたりした仏教者は少なからずいました。

日露戦争の時に「余は非開戦論者である」という文章を書いた高木顕明師は大逆事件に連座して死刑判決を受けて後に無期懲役になり、秋田刑務所の獄中で首をくくって死んでいきます。大谷派教団は高木顕明師を永久追放という処分にして、見殺しにして、ずっと闇に埋もれさせてきたわけですが、一九九六年やっと復権が始まった。そういう人がいました。

また昭和一〇年代に大谷大学の学長をしておられた河野法雲師は、はっきりと「天照大神といえども迷える有情の一人である」と。それを『真宗』誌に発表してそれが軍部の目に触れて、東本願寺に大砲をぶち込んでやろうかという話になって、教団はあわてて発言の撤回を求めるわけです。河野法雲師は伝統教学の人なのです。近代教学よりむしろはっきりと、「神祇不拝が親鸞の教えである。伊勢神社の大麻はなんぞ祀る必要があろうか、戦争祈願なんぞする必要があろうか」と語り学長を更迭されるわけです。

大垣教区の竹中彰元師も戦争に行く人に向かって「戦争は罪悪である。この戦争は侵略行為だ」という説教をして捕まる。

あるいは、この間亡くなった「スーダラ節」で有名な植木等さんのお父さんの植木徹誠師も、三重教区のお寺の住職をしていました。この方も部落問題にふれて、はっきりと反戦運動、言動をされて何度も何度も警察に検挙されている。

そういう人が少なからずいたわけですが、教団の大勢としてはそういう人が出る度に、国家の処罰にあわせて、教団から追放したり、僧籍を剝奪したり処分をしてきたわけです。そういう問題がずっとありますので、私にとって戦争責任と靖国問題とがだんだん一つになってきたわけです。

三、教団の状況から

一九七三（昭和四八）年、親鸞聖人御誕生八百年・立教開宗七五〇年の法要がありました。私も仏教青年会の関係で、その法要のイベントにも関わっていたわけですけれど、そのころは大阪教区から出た深田英雄宗議会議員が参務になっていました。訓覇信雄さんたち同朋会運動を推進する人たちは、多くが宗議会議員選挙で落選していました。勢力は一転して三森言融氏が総長になったり、毎年のように宗務総長がころころ変わっていった時期です。

こんなことでは自分たちの大谷派宗務所職員としての権利が守られないからと、やむなく真宗大谷派職員組合が作られた。そのときに初めて、職員組合ができた。一九七一年です。組合活動を進めていく中で、団体交渉がありました。

親鸞聖人御誕生八〇〇年の記念事業の一つとして、中国に向けて「青年の船」を出すというけれど、中国へ侵略戦争の責任についての学習とか、対話をしないで、一方的に友好の船を出すというのはおかしいと、職員組合が提起するわけです。そういう中で、教団の中でも戦争責任ということが課題になってくるわけです。

真宗大谷派教団の近代史を検証しようという動きが、一九七〇年代後半、一九八〇年に入ってからやっと、『真宗』誌上でも専門家によって細々と始められるようになる。

同時に、教学研究所が戦争責任の資料班を設定して、今も続いている『真宗と国家』という資料を出す動きになっていくわけです。

このころに、大阪で反靖国・反天皇制連続講座を開催する市民運動グループがありました。私もそのメンバーになって、あらためてキリスト者と出会うわけです。桑原重夫さんという牧師さん、キリスト教の世界的な文献研究者の田川建三氏。すごい人がそのメンバーに入っていました。

「日本基督教団の戦争責任告白」は、教団を浄化するためのいいわけの文章であって手ぬるいと。むしろ我々は、キリスト教批判、宗教批判というところまで眼差しを向けなければならないんだという、難しい話を聞かされました。

私の中で、宗教批判という問題意識までありませんでした。でも関心がありましたから、キリスト教の人たちの『聖書』解釈の話を聞きにいくわけです。学びの方法としては、親鸞聖人の教えを、言葉の意味をとらえるだけでなく、その行間に何があるのか、言葉の奥にどんな問題意識があって、どういう状況の中で親鸞聖人が手紙を書かれ、『教行信証』に「逆謗闡提」という言葉が出てくるのか、きちんと読み取って解読していく。そういう教学的なところと、通じるところがありました。

『聖書』の学びに参加したのですが、いかんせん話についていけないのです。そこで気を入れて、『旧約聖書』と『新約聖書』を全部読んだのです。すごく面白かったですね。初めは取っつきにくかったのですが、キリスト教文化を知るうえでも、現代社会を知るうえでも、キリスト教の基礎知識は私たちには絶対必要だと思います。『聖書』を読んだら、外国映画を見る目も変わってきます。欧米の映画は特に、『バイブル』のいろいろな言葉が、そこに暗喩として使われているから、映画が三倍楽しめるようになる。『バイブル』を読んでから、桑原さんや田川さんの講義を聴きましたら、今度は本当に面白いようにわかるようになった。

さて、それから自分にとって靖国の問題、天皇制の問題、部落差別の問題を突き詰めていこうとするとき、やはり現場で自分のやっていることが問われてくる。あのころ流行った言葉で「内なる靖国」という言葉があります。靖国問題は、外から国家の宗教性を靖国という形で、私たちに強制しようとしてくる問題としてあるのは確かですが、私たち自身、靖国的な発想や体質が生きているのではないだろうか。

たとえば、私たちが現場でお勤めをしている真宗の儀式の中での、漢文でお経を読むという行為を、全く不問に付して靖国問題を語れるか、取り組めるのかというところへ、私はまた帰ってきたのです。

そういうところから、私は儀式論に着手するようになるわけです。そして、自分の寺の報恩講の内陣出仕の問題や、寺格堂班の問題、そういう制度にかかわる問題を少しずつ意識しはじめて行動するようになっていくわけです。

2. お経・聖教を日本語で読む

一、お経を読誦することの意義

考えてみますと、漢文でお経を読むと、聞いている者にはわからないわけです。つまり「由《よ》らしむべし知らしむべからず」（『論語』）という封建的な思想。江戸時代は確かにそういうことだったと思います。何か知らんけれど神様、仏様、ご先祖様が、何となく有り難いという民俗信仰、そういう心情に陥りやすいのが、漢文で読むお経の問題性です。

しかも、真宗といえども、漢文で音読しますとそこに呪術性が出てきます。靖国神社は慰霊鎮魂する場所ですが、私たちのやっている儀式も慰霊鎮魂とどこが違うのか。そもそも、親鸞聖人が、そのように私たちに教えているといえるのだろうか。少なくとも、蓮如上人の時代までは、漢文で「浄土三部経」を音読するという儀式作法は定着していなかったに違いない。なぜこういうことになったのか、考え直さなければならない。私は、経典を読誦することの意義は、教学的にいえば三つの意味があると考えます。

一つは、如来の教化に遇う。自分がお経を読むということは、直接釈尊の説法に遇わせてもらうということ。ですから聞法であり、それは五念門、五正行につながる。

二番目には、それは同時に、経典が結集し編集されていった、その歴史に私たちが参加をすること。

三番目に、それは同時に、インド語から自分たちの民族や国の言葉に翻訳し、学びあう場を持つこと。玄奘三蔵、鳩摩羅什といった、無数の三蔵法師たちが、インドの釈尊の教えを中国へ伝えようとして、何度も何度も翻訳を重ねてきた。ところが、私たちは、日本の仏教として日本語にするということを怠ってきた。その責任を考えるようになったわけです。

二、日本語訳大蔵経を持たない日本仏教

日本仏教史の中で、お経が曲がりなりにも日本語に翻訳され始めたのは『国訳一切経』です。一九三五（昭和一〇）年から一九四五（昭和二〇）年にかけて出版されました。それは漢訳仏典の訓読です。日本語訳といっても訓読です。書き下し文ですから、翻訳にはなっていないわけです。しかしこれは画期的なことで、今でも私たちはこの国訳一切経に、たいへんお世話になっています。

同じく画期的なものとして、『南伝大蔵経』六十五巻七十冊があります。一九三五（昭和一〇）年から一九四一（昭和一六）年にかけて刊行されました。これはパーリ語の原典から、直接日本語に訳されたものです。この『南伝大蔵経』によって、日本では漢訳仏典で『阿含経』と呼ばれ、低い価値しかないとされてきた一群の仏典が、新たな装いのもとに発見され再評価されるようになっていくわけです。ですから、日本の仏教研究が、近代にもたらした最大の貢献がこの『南伝大蔵経』です。

明治に入ってから、日本の仏教学の分野では、大谷大学からも素晴らしい先生方が出て、サンスクリット、パーリ語、チベット語の仏典研究分野で大きな発展を遂げています。しかし、日本語でわかりやすく紹介する作業は、意外となされていないのです。

こういう分野で、一番先駆的で有名な学者で中村元という先生がいます。『中村元著作集』が出ています。この

人が『仏教語大辞典』を初めて作ったのは、一九四七（昭和二二）年です。その「はしがき」に、

「仏教が日本に移入されてすでに一四〇〇年になり、過去の日本文明の根幹をなしていたとさえ云われているのに、日本の多くの仏教家はわれわれの日本語を用いて表現することに努力しなかった傾きがある。主として往昔の三十人の訳語をそのまま用いてきた。従って仏教が過去の日本文明に於いて極めて重要な地位を占めていたにもかかわらず、その支配的影響は、主として、呪術的儀式的な――仏教本来の教説から見ればむしろ異端的な――側面に止まることが多かった」。（旧かなづかいをあらためた）

　これは漢訳の経典を音読するお経をさしているわけです。

「仏教の思想を理解し、それを平易な邦語で表現するということは、今後仏教徒にとっては最も必要なことである。（中略）いまから千数百年の昔に隣国シナ《ママ》に於いて用いられていた漢訳語の文字をシナ《ママ》語とは言語構造を全く異にする日本に於いてしかも今日そのまま用いようとすることは、もはや時代錯誤であると云わねばならぬであろう」。（『仏教語大辞典』一九七五年東京書籍発行「あとがき」一頁に再録）

と、既に一九四七（昭和二二）年におっしゃっているわけです。中村先生は、そのことに着手してこられましたけれども、私たち現場でお経を用いる者は、そういうことは全く無視してきました。

　それどころか、それを嘲《あざけ》るというか、最近『寺門興隆』（二〇〇二年八月号）という雑誌の中で、あるお寺の高橋芳照という住職が、「助かりますね、お経が漢文ですから、どこで止めてもそこが終わりなんだと聞いてる人は思うでしょうから、くれぐれも和文の経典なんか使いませんように」などといっている。しかし大谷派も他の教団でも、多くの僧侶は、同じようなことを考えているのではないでしょうか。

三、先駆的な『新訳仏教経典』

さて、ここで紹介するのは、木津無庵先生が編纂した『新訳仏教聖典』です。これは、今も復刻されているわけですが、私は日本語訳の『仏教聖典』として、現代に大きな意義を持っていると思います。一九二五（大正一四）年ですから、一番古い。これはその当時の言葉で、みごとな意訳をされています。しかもこれには、大谷大学の山辺習学先生、赤沼智善先生という、その当時の一流の学者が協力してその翻訳を作るのです。

その構成は、釈尊の生涯にあわせて、誕生、出家、そして悟りをひらかれる歩みの中で、ここで「華厳経」、ここで「法華経」を説いた。ここで「無量寿経」を説いた、「涅槃経」を説いて死んでいかれるわけです。最後に密教の経典もできてきたという時代配列で、釈尊の生涯においてこんな教えが説かれたと。これは天台教学に基づいていて、今日の仏教研究による釈尊伝とか、お経の成立についてとは違いがあります。

しかし、当時にしては、画期的な『仏教聖典』だった。木津無庵は、これを編纂して発表して全国に普及させるのです。全国の小学校、中学校の先生たちを養成する師範学校で、全国を七回かけて回って、『仏教聖典』を読みながら、私たちの精神生活を豊かにという運動を起こしている。この人も積極的に戦争に協力した戦争責任の問題がある方ですけれど、こういう斬新な取り組みをしていたのは事実です。

戦後、沼田恵範さんが仏教伝道協会を設立して、これを原本に、もっと現代的な日本語訳にしたのが、各国語訳の、今、ホテルに置いてある『仏教聖典』です。

沼田恵範さんは、精密機械、測量機の会社を起こされたのですが、それは『仏教聖典』を世界中のホテルへ置く費用を儲けるため企業を起こされたのです。今でもそれはやっておられますから、この人たちはすばらしいなと私も思います。その『仏教聖典』の原形は、木津無庵の『仏教聖典』です。非常に素晴らしい『仏教聖典』です。

一九七〇年代に、山口益先生が編纂された『仏教聖典』も出ますが、それもこれをモデルに批判しながらして作っている。大正時代にこのような先駆者がいたことは、私たちにとって大きな励みになるわけです。

さて、私も現場でなんとか日本語で読むお経で、真宗の法要をやってみたいと思うようになった。ところが、いいテキストがないわけです。たとえば、「浄土三部経」でしたら岩波書店から文庫本で出ています。これは学術的に見て非常に精密な訳です。サンスクリットとチベット語訳と漢訳を対照させて、日本語に訳している。中村元先生とか早島鏡正先生とか紀野一義先生が訳されている名著ですが、儀式で読むにはあまりにも難しく、堅すぎて読めない。

木津無庵の『仏教聖典』は、さすがに表現が古くさい大正ロマンです。もうひとつ、現在出版されホテルに置いている聖典は、小型ですけれど、よく読みますと「浄土三部経」がみごとに抄録されています。私はそれを組み合わせて、法事で使える「真宗の法要」を作ったのです。

『仏教聖典』の中から、「浄土三部経」をうまいこと再構成して、「表白《ひょうびゃく》」をつけた。

法事で大事なのは、本文を読むことも大事ですが、「表白」が大事なのです。この法要がどのような法要なのか、儀式とは聞法のための導入部分ですから、私たちが釈尊の説法に遇い、聞法し、そして自分たちの生活を見直す。人生そのものを見直すという意味で、たいへん大切な機会がお経に遇うという場です。そういうことが大事なのだと、お経の中にも直接書いてある。そういう、初めの趣旨文が「表白」です。

四、「正信偈」の意訳『いのち』

私は一九八〇年代の後半から、毎年夏に本山での中学生の集いに参加して、そこで中学生たちにお話をしていました。すると、中学生たちに聞かれるのですよ。「いったい『正信偈』には何が書いてあるの？」と。「それはなあ、帰命無量寿如来といったら、無量寿如来に帰命し、不可思議光に南無したてまつると読むんや」「それはどういうことやねん、僕らにわかる言葉で教えて」

そんな質問が出てくる。

これはやっぱり、青少年といっしょに読む『真宗聖典』が必要だと、スタッフと一緒に考えたのです。ないのなら自分たちで作らないと仕方がないということで、「正信偈」の意訳をしてみることになったのです。

自分は、それまで『仏教聖典』からいろいろな抜粋をして使ったことはあるけれど、自分で意訳するというのはなかった。しかも「正信偈」ですからね。

私は、真宗学の専門家でもないし、素人が勝手に儀式の内容の「正信偈」の言葉を意訳してもいいのかなと、その当時はこの私でさえ恐れがありました。みんなから、「内部で使うものやから、とにかくやってみてくれ」といわれ、「そのかわり小、中学生が読んでもわかる文やで」ともいわれました。

それで、その当時出ている「正信偈」のいろいろな意訳本を集めたら、結構出ているのです。出ているけれど、本当に難しいのです。いろいろな人に手を入れてもらい、意見をもらったり、批判を受けてまた考えて、四年かってやっと作ったのが、『いのち』というテキストです。

青少年部から出版されている『いのち』のテキストの中に、この「正信偈」の意訳を、初めて添えたわけです。たとえば、私はこう訳してみました。最初の「帰命無量寿如来　南無不可思議光」は、

永遠の仏《みほとけ》よ、あなたの呼び声に私は目覚め量り知れないいのちに立ち帰り／思い　はかれない光に敬いを捧げます。

としました。そして次の、「法蔵菩薩因位時　在世自在王仏所」は、

法蔵菩薩　それは昔　国と王位をすてて道を求めておられたころの　あなたの名　あなたは　世自在王仏という師におつかえし／仏《みほとけ》たちの世界の成り立ち／国と人とのありさまを見きわめて／みずから清らかな国土を建てようという／すばらしい願いを打ち立て／あらゆるいのちあるものと共に生きようという／かつてない誓いをおこされました。

こんな感じに詩的に、宗教叙事詩のような形で訳してみたわけです。もちろんこれでも小学生、中学生にストレートでわかるというわけではないのですけれど、中学生たちはこれをそれでも、「おもしろい。『正信偈』ってこんなこと書いてあったのか」といって、また仏教にふれる、真宗の教えにふれるひとつのきっかけになったらと思います。

この『いのち』が、けっこう青少年教化に関わっている人たちの間で普及していくうちに、どこからか聞きつけた人が、この「正信偈」の意訳を使いたいという申し込みがあったり、勝手に海賊出版をする人も出てきました。たまたま、法藏館からこれを独自に『同朋唱和　意訳付き正信偈』として出版したいという申し入れがありまして、出したらこれがよく売れたのです。今は十三刷です。

専門家が書いたものではないので、売れるはずがないと心配したのですが、なんのことはない、すぐに売れて

いった。ということは、それだけ関心があって自分の現場で「正信偈」の意訳を読みながら、同朋会や聞法会のテキストにしたいという人が多いというわけです。そうすると、実際に作ったものを、どう使うのかという問題です。

3．日本語で読む仏事法要

一、音読と朗読

日本語で読む仏事法要、そのときに音読と朗読との違いをきちんと見ておかなければなりません。この場合の音読とは、経典の音読とか、阿弥陀経の音読という意味での音読ではなしに、普通の日本語としての音読という意味です。

小説でも詩でも、そこに書かれた文章を声を出して読むのが音読です。でも、それだけでは朗読にならない。お経を読むには、朗読というレッスンをしなければ、法事の現場では通じない。ただ読むだけでも私は意味があると思いますけれど、さらに踏み込んで朗読になるようにする。

朗読の中身は三つあります。一つは、本文の内容を意味を考えながらきちんと読み取るということです。さらに一度、目を通して読んだら、もう一度しっかりと考えて、そしてそれを声に出す。これで朗読というわけです。これは、私が勝手にいっているわけではなくて、朗読の専門家が共通していっていることです。ラジオ放送で詩の朗読とか、朗読の時間とかありますが、アナウンサーが読んでいるのを聞いていれば、音読しているのとは全く違いますね。

落語家が扇子一本でイメージする世界、話芸、話術で世界をつくり出しますけれど、優れた朗読家が朗読する小説や詩は、やっぱり違うのですね。

しかし、私たちもそれを業務としている僧侶であるからには、お経を日本語で読もうとするときには、たんなる音読で終わるのではなしに、そこから朗読の域まで高めるために、修練しなければならない。これは声明作法の儀式と同じぐらいか、それ以上に大変な作業だと私は思っています。私たちはものを読むとき、きちんと内容を読み取って意味を押さえてしっかり考えて、そして声に出す。仏教の伝統的な言葉でいうなら、聞・思・修です。三慧ですね。聞くだけでなしに聞思ということ、そして声に出して実践する。朗読は、それに通じると思いますね。

今から皆さんに材料をお配りして、実際に詩を読んでみたいと思います。

私は、法事とかいろいろな場で、お経を読む前に使っているのです。法話でも使いますし、非常に大切にしている現代詩人の二つの大好きな詩があるのです。「くらし」という詩は、二年前に亡くなった日本の代表的な女性の詩人、石垣りんさんの名作です。それを音読した後で、朗読をしてみます。

くらし　　　　石垣りん

食わずには生きてゆけない
メシを
野菜を
肉を

空気を
光を
水を
親を
きょうだいを
師を
金もこころも
食わずには生きてこれなかった
ふくれた腹をかかえ
口をぬぐえば
台所に散らばっている
にんじんのしっぽ
鳥の骨
父のはらわた
四十の日暮れ
私の目にはじめてあふれる獣の涙

（詩集『表札など』、『石垣りん詩集』岩波文庫）

私は、石垣りんさん自身が、朗読の会で朗読されているのを、ＣＤで聞いたことがあるのです。詩人が直接読むのと、朗読者が読むのと少し違ってきますけれど、やはり石垣りんさん自身の朗読は、ひと味違いました。「私の目にはじめてあふれる獣の涙」。獣だった私はと、深く懺悔するわけです。その獣にも涙は枯れずにあった、でも人間を取り戻した。ちょっと恥ずかしくておぞましくて私はいえない。ここまでいくと深い宗教心です。これは機の深信です。このように、一編の詩も読み解いていけるわけです。真宗の信心の世界、機の深信、罪悪深重煩悩熾盛の衆生ですと、意味を押さえて朗読すると朗読になります。

親鸞聖人の教えも、仏陀の説教であるお経も、こう朗読していく。詩を読んで練習していくと、聞くものにも伝わる。つまり、朗読とは声に表情をあらわす、そして読む者の心も作者の思いを汲み取りながら、読むときに心の表情が伝わっていく。

もう一つ朗読するときの一番大切な要素は、そこに「間」、あいだとしての「ま」を取るということ、音のないところににじみ出た作者の思いが「間」によって浮かびあがってくる。朗読とは本や聖典のなかで眠っている活字に、いのちを吹き込む作業なのです。言葉とは、私やあなたの語り、読みで、その声で生きたものになって人に伝わってゆく、自分に聞こえてくる。

二、法要式の試行

私が現場で行ってきたのは、法要式を選んでもらうことです。

三つのコース選択肢があるのです。「Aコース、Bコース、Cコースとありますけれど、どうしますか」といって選んでもらいます。

Aコースは、いわゆる「昭和法要式」を中心にした、伝統的な普通のお勤めです。「今まで通りのでお願いします」といわれたらそれにします。

Bコースは、訓読を取り入れたりしている部分、先ほど配っている「真宗の法要」、小さな本をテキストにして一緒に読むコースです。

Cコースは、完全に音楽法要にしまして、仏教讃歌、赤い『勤行本』の中の仏教讃歌、いわゆる「同朋奉讃式の一・二」をもとにして、それと現代語訳の仏典を読むというのをミックスしたものです。だいたい全体の六割ぐらいを、Bコースでやっています。

初めてお勤めしたときは、「全然有り難くない」と、ものすごく反発されました。「こんなん、お経らしくない」と、怒って帰った人もいました。

興味を持ってくれるのは若い人たちで、若い人や子どもや孫が法事に参加したら、あれほど退屈なものはないですね。「朗読したらついていきてください」といって、一緒に声に出して読んでもいいと、すると「へえ、お経ってこんなこと書いてあったんか。知らんかった。おもしろいなあ」と、若い人は興味を持ってくれます。

もちろんそれで、きっちりとお経が伝わるとは思いませんけれども、仏教により親しみを感じる縁といいますか、きっかけになるためにも、私はこういう営みを続けているわけです。こういう営みを自分もやってみたいと、やり始めている人が結構増えてきました。

今度の親鸞聖人七百五十回御遠忌に向けても、真宗の法要式を新たに作るとしたらどういうモデルがあるか、今までのあなたの儀式に関する考え方を話してくれと、企画室に呼ばれて話しにいったこともあるのです。それで、たとえばこういうものを作ってみてはどうでしょうかということで、提案したわけです。

そのときは、儀式指導研究所や教学研究所の人たちも、聞きにきていました。一緒に議論したのですけれど、大谷派としてどこまで正式に制定することができるか疑問だけれど、一つの参考資料として話を聞いてもらいました。

今では大谷派の中で、日本語で読む真宗の法要式を作ろうというのも、ようやく課題になりつつあることは事実だと思います。

その会議の場で、ある人が「このごろ、法話をするのが苦手な住職が増えてきたから、法話をしなくてもいいように、法要式の後に、拝読文の中でわかりやすい言葉で短い三分間法話みたいなメッセージを載せて、それを読むだけでいいようにしたらどうだろう」と、安易なこともいわれていました。法話をしないよりはましとは思いますけれど、どんな文書にするかということも、非常に大事なことになってくると思うのです。

儀式のときの拝読文は、蓮如上人の「御文」だけを手本とする今までの教団の布教、聞法の儀式のやり方に対して、ずっと前から疑問やら抵抗を感じていましたので、自分のお寺での拝読文は、だいぶ以前から違ったものを読むようにしてきました。もちろん「御文」も含めてですけれども、私はなぜか『五帖御文』には含まれていない、「筆始めの御文」（『帖外御文』一通目、『蓮如文集』岩波文庫）、これを必ず読むことにしています。

蓮如上人のご命日には、『御文』を読んで、それ以外に、いろいろな先生、また親しい人のご命日には、その人たちの書かれた文を読むのを朝のお勤めにしています。たとえば、一日でしたら和田稠先生のご命日ですから、和田稠さんの文を読む。三日でしたら、天親菩薩のご命日ですから、天親菩薩に関する文にする。あるいは、私が出会った最初の仏教の先生、米沢先生の命日は三月三日ですから、米沢さんの文を読む。清沢満之先生の命日には、清沢先生の文を読む。ジョン・レノンの祥月命日の十二月八日には、イマジンをかけています。

4. 朗読・視聴覚のために

さて、ここで実際に現代の荘厳な仏教音楽としてふさわしいものとして、どういうものがあるのか。そういうものをBGMにして、実際に朗読文を読んでみたらどんな感じになるのか。仏教精神が表現された芸術作品、著者の紹介ということで、ここに持ってきているものがいろいろあります。実際に音を聞いて、感じとっていただけたらと思うわけです。

最初に、音楽作品として武満徹さんの「秋庭歌」をかけてみたいと思います。これは現代雅楽、ちょっと変わった感じで、いろいろな法要にすごく向いていると思いますので、ちょっとさわりを聞いていただけたらと思います。

（「雅楽　秋庭歌　一具」武満徹　ビクター VDC-1192）

それでは、音楽を入れて一つ「表白文《ひょうびゃくもん》」を読んでみたいと思います。「花を奉るの辞」。これは作家の石牟礼道子さんが九州の熊本にある真宗寺の御遠忌法要の表白文として、自らお勤めにも参加して、この表白文を書かれました。これぐらいの文章で「表白」をつくりたいと思うのですが、とても及びません。

これを一つ「カラヴィンカ」（廣瀬量平作曲）という曲で合わせてみたいと思います。

（「クリマ／廣瀬量平の世界」カメラータトウキョウ 25C516～7）

花を奉るの辞　　石牟礼道子

春風萌《しゅんぷうきざ》すといえども　われら人類の劫塵《こうじん》いまや累《かさ》なりて　三界《さんがい》いわん方なく昏《くら》し

まなこを沈めてわずかに日々を忍ぶに　なにに誘《いざ》なわるるにや

虚空《こくう》はるかに一連の花　まさに咲《ひら》かんとするを聴く

ひとひらの花弁　彼方に身じろぐを　まぼろしの如くに視《み》れば
常世《とこよ》なるうす明かりを　花その懐《ふところ》に抱けり
常世《とこよ》のうす明かりとは　この界にあけしことなき闇の謂《いい》にして
われら世々《よよ》の悲願をあらわせり
かの一輪を拝受して今日《こんにち》の仏《ほとけ》に奉らんとす
花や何　ひとそれぞれの涙のしずくに洗われて咲き出づるなり
花やまた何　亡き人を偲《しの》ぶよすがを探さんとするに
声に出せぬ胸底《きょうてい》の想いあり
そを取りて花となし　み灯《あか》りにせんとや願う
灯《とも》らんとして消ゆる言《こと》の葉《は》といえども
いずれ冥途《めいど》の風の中にて　おのおのひとりゆくときの花あかりなるを
この世を有縁《うえん》という　あるいは無縁《むえん》ともいう　その境界にありて
ただ夢のごとくなるも花
かえりみれば　目前の御弥堂《おみどう》におわす仏の御形《おんかたち》
かりそめのみ姿なれどもおろそかならず
なんとなれば　亡き人々の思い来たりては離れゆく
虚空の思惟像《しゆいぞう》なればなり
しかるがゆえにゆえにわれら　この空しきを礼拝《らいはい》す

然して空しとは云わず
おん前にありてただ遠く念仏したまう人びとをこそまことの仏と念《おも》うゆえばなり
宗祖ご上人のみ心の意を体せば　現世はいよいよ地獄とや云わん　虚無とや云わん
ただ滅亡の世迫るを共に住むのみか
ここに於いて　われらなお　地上にひらく一輪の花の力を念じて合掌す

（『青蘭寺覚書―真宗寺御遠忌控』昭和五十九年十月発行、無量山真宗寺所収）

次に、東祥高さんの作ったＣＤ『救いの宇宙』です。私は、シンセサイザーの奏者で、もっとも浄土を思わせるような奏者は、この東祥高さんだと思います。この人はＮＨＫ「国宝への旅」の音楽も担当している人です。昔、「五つの赤い風船」というグループがあって、そのメンバーの一人です。フォーク活動はやめて、現在ではシンセサイザーによる現代仏教音楽をたくさん作っておられます。東大寺とか高野山や浄土宗、いろいろな宗派からも依頼、委嘱されている方です。そのアルバムの『救いの宇宙』という曲です。一度、どんな音楽なのか、ちょっと聴いていただきたいと思います。

（「救いの宇宙」／東祥高、NEC Abenue NACL―1012）

これは皆様もご存知かもしれませんが、岡崎教区に天白真央さんという大谷派の住職がおられます。この人もシンセサイザー奏者です。

この人と近藤龍麿さんが組みまして『キャリー・オン《恩》』というアルバムを作っておられます。私も作詞で「しんらんのブルース」「蓮如挽歌《エレジー》」で参加しているのですが、これはちょっと聴いてもらうのが恥ずかしいのでやめておきます。

（『キャリー恩』近藤龍麿・天白真央ライブオフィス群）

天白さんが独奏で、三河別院の蓮如上人五百回忌のお待ち受け法要の記念品として作られたＣＤがあります。この中で「真宗宗歌」、「恩徳讃」、「衆会」、「みほとけは」、蓮如上人のことを歌った「山科の道」の五曲を収録しています。これはカラオケです。普通の仏教讃歌集でしたら、ピアノかオルガンとかあっさりしたものですが、なかなか重厚なシンセサイザーでのアレンジになっていますので、これを聴きながら皆さんも真宗宗歌を歌ってみてください。なにかソウルを歌っているような感じになって、とてもいいのです。一度、聴いてもらいます。

いま「恩徳讃」のキーが高いといわれましたが、難波別院から「真宗宗歌」「恩徳讃一・二」の、二度下げのCDが出ているのです。普通の音程で歌ったらしんどいが、みんなと唱和するのに二度下げたら歌いやすいので、二度下げをわざわざ作って、御堂合唱団のテノールの人に歌ってもらったのと、そのカラオケが出ています。難波別院に問い合わせたら手に入ります。

さっき少しいいました「正信偈」と音楽をあわせたらどうなるか。「ザ・念仏」。これは尾上和彦さんという現代音楽の作曲家で、前進座のお芝居の『親鸞』や『法然』の劇音楽を作曲した人です。最近も「平家物語」に材を得たオペラ『藤戸』を発表しておられます。最近は、「源氏物語」と「親鸞」のオペラ化に今取り組んでおられる。劇音楽やオペラや音楽をミックスして「正信偈」とあわせたら、こんなふうになるのです。聴いてみてください。これは非売品です。

最後に、かつて二一世紀ビジョン委員会で発表した一文を読んで終わります。

『大谷派教団への願いと提言』

表現としての儀式について。これは私の『回向』論としての一環である。

これまでの同朋会運動でいちばん話してこなかった問題が『儀式論』である。

それは従来、専門家まかせという点では「真宗の学び」（あえて『教学』とはいわない）に関わることと同じかもしれない。だが、『布教・伝道』（あえて『教化』とはいわない）の現場としての報恩講・葬儀・法事・月命日参り・同朋会などの衆会を日常的に執行している身である僧やそこに参加している者が、それを縁にして共に『同朋』として出会い直し、仏教に自己（歴史的社会的存在としての）を聞く場での儀式を『浄土の荘厳』としてどのように表現していくかは、最も切実な個々の実践的課題である。

「仏祖崇敬」という語を解体すると「崇信（帰命）」と「恭敬（礼拝）」である。私はそれを、儀式を伝統的な型通り作法としてやっていることが、はたして信心を明らかにする営みになっているのかどうかを、根本的に問いかけることであると解釈する。

形だけにこだわって、その技術の習得に専心しすぎたり、妙な意味づけをすると、儀式はかえって形骸化する。儀式が形骸化すれば、そこに「同朋」という精神が見失われてしまう。

だが、現実は、新『宗憲』になって二十年を経た今日なお、意識も体質も旧『宗憲』のままのような人々が儀式作法をいかにも重々しく執行している。まことに嘆かわしいことこれに過ぎることはない。そのような「我が身」を問うことがないから、「差別からの解放」運動が観念的なものとして、絶えず空回りしていくのである。

私は必ずしも、伝統的儀式を否定するものではない。その伝統の重要さは、その仏教音楽としての芸術性の高さからも認めている。しかし、信心の追体験としての「聞法」という内実と、現代人の表現という創造性を伴わないような儀式は「因習」でしかない。伝統とは、小林秀雄がいうように我々がやっていることを「一回客観化して、それを主体的に受け取り直すものだ」ということだ。

親鸞はなぜ『和讃』を作ったのか。蓮如はなぜ『御文』を書いたのか。

そのことを学びの姿勢に据えるだけでも、我々の営みが問い返されてくるはずだ。

真宗聖典を現代日本語に意訳する。それをもって「儀式」を行う。そのための仏教音楽を創造する。そして専門家だけでなく、同じテキスト（聖典と楽譜と式次第）に拠りながら全員参加型の勤行（同朋唱和）をする。

そこに伝統的儀式の声明の要素を浸透させていく。

本堂や会堂には、内・外の区別なくどこにも同席できて、どんな服装で臨んでもよい、聖職者だけの儀式でなく誰もが聖典の言葉によって生きる同朋として、それぞれの「差異（ちがい）」を認める世界の発見」をめざす。

そういうことが今、そしてこれからの教団には不可欠となるだろう。

これを教団（本山）が率先して実行していくようにしたい。

その実例として、より広く聖典の言葉に出遇うために、真宗本廟での朝の勤行（晨朝）を次のように改めてはどうか。
（1）同朋奉讃式の第一、第二を朝の勤行で採用する。（毎週一回位）
（2）拝読文は『御文』だけでなく真宗聖典全体から、またさまざまな先師の著述から選定していく。また朗読は『御文』の作法にとらわれず自由な表現形態が取れるようにする。
（3）『御文』は五帖だけでなく『帖外の御文』からも選ぶ。女性差別的表現をふくむものは読むのをやめる。
（4）出仕者は外陣にて『法話』を聞法してから退出する。
最後に、これからの布教・伝道の可能性を広げるために、視聴覚伝道の原点である『絵解き』や真宗の話芸・芸能の原点である『節談説教』を自由化する。そのためにも明治初期における宗門の『絵解き・節談説教への禁止処置』を撤回する。

以上で、今回の私の話を終わらせていただきます。ご静聴ありがとうございました。

第二部　歴史の闇に人を見つめて

百年の破闇——大逆事件と高木顕明

1. 国家権力による思想弾圧

一、大逆事件——近代日本最大の思想弾圧事件

今日のこの法会は、戦争によって殺されていったすべての人びとを心に刻み、宗門の戦争責任を問い続け、不戦を誓う場であります。

今年の法会では、明治時代末期に起こりました、近代日本最大の思想弾圧事件である「大逆事件」について、考えてみたいと思います。

今から百二年前のことです。一九一一（明治四四）年一月十八日、「大審院」という、現在でいえば最高裁判所にあたる場所で、次のような判決書が読み上げられました。

右幸徳伝次郎外二十五名に対する刑法第七十三条の罪に該当する被告事件審理を遂げ判決すること左の如し。

（以下、省略）

ここでいう「刑法第七十三条の罪」というのが「大逆罪」です。罪状は天皇・皇族に危害を加えたり、加えようとしたりした者は死刑に処すというものです。この人たちは、前年一九一〇（明治四三）年五月から次々と逮捕さ

れ、十一月には起訴され、まったく非公開の二か月の審理後、年明け早々、このような判決を受けたのです。

その理由は、「これらの者は社会主義、無政府主義に心酔して国家の権力を破壊するには、先ず元首を除くに若《し》くなし、という兇暴《きょうぼう》を起こした。彼らは同志として、身を挺して大逆を遂行せんことを図った」。これが判決書の要約です。

これにより、二十四名に死刑の判決が下され、翌日、死刑が宣告された二十四名のうち、半数の十二名が天皇の恩赦によって無期懲役刑に減刑されました。

これがいわゆる「大逆事件」で、一言でいうと明治天皇暗殺（未遂）事件です。死刑が決定した十二名には、それから一週間もしないうちに刑が執行されました。

しかし当時、この事件についての報道は、警察と内務省当局によって厳しく報道管制が敷かれ、大逆事件の真相は闇に葬られました。そんな事件が本当にあったのか。これが日本近代史の深くて暗い闇である大逆事件です。真相は何だったのか、戦後次第に明らかになってきました。

実はこの事件は、当時の国家の政策である日露戦争に反対したり、日韓併合に異論を唱えたり、政治家の腐敗堕落を批判したりする人々を、一網打尽にして抹殺する国家権力の陰謀であり、しかもその筋書きは検察によって作られていきました。

検察がでっち上げた犯罪というと、つい最近も二〇〇九年に大阪地検特捜部が、郵便不正事件に関与し偽の証明書を発行したという容疑で、当時の村木厚子厚生労働省官僚を逮捕、起訴した事件がありました。

まずストーリーありきの捜査と強引な取り調べ、あげくはフロッピーディスクのねつ造ということまで発覚しました。この事件は、後に完全な冤罪事件ということが裁判で明らかになり、村木厚子さんは無罪を勝ち取りました。

しかし、百年前に起こった大逆事件は、真相が長らく闇に葬られてしまったのです。それでも、ことの本質を探り当てて、事件の真相を掘り起こす人たちは、こつこつと調査、研究、問題提起をしてこられました。

私が、大逆事件のことを知ったのは、一九七八（昭和五三）年のことでした。たまたま死刑制度を存続するのか、廃止するのかの論議が行われていた市民運動と出会い、そこで初めて大逆事件を知りました。そのとき、はっとさせられたのは、この事件で捕らわれ、死刑判決を受けた二十四人の中に、仏教者が三人含まれていたことでした。内山愚童は曹洞宗の僧侶、峯尾節堂は臨済宗妙心寺派の僧侶、高木顕明は真宗大谷派の僧侶。禅と念仏の僧侶が捕らわれて、死刑判決を受けたのです。私は、大逆事件とは何だったのか、なぜ引き起こされたのかが気になり、仏教者がなぜ捕らえられたのかを調べ始めたわけです。

二、承元の法難とは何だったか

この事件のことを知れば知るほど、私の中でありありと浮かび上がってきたのが、もう一つの歴史的大事件、承元の法難です。承元の法難は、今から八百年の昔、「ただ念仏して、弥陀にたすけられまいらすべし」（『歎異抄』聖典六二七頁）という法然上人と弟子の親鸞聖人たちが受けた宗教弾圧です。

念仏が禁止され、法然上人たちは流謫《るたく》の身となり、死刑で首をはねられた同朋が、何と四人もいたという凄絶な事件です。そのきっかけになったのは、たまたま念仏の教えにふれた二人の女性が発心し、出家したことでした。しかし事の本質は何かというと、法然上人の説かれた念仏の教え、思想そのものへの弾圧であったわけです。「本願を信じ、念仏をもうさば仏になる」（『歎異抄』聖典六三一頁）ということの、どこが問題だったのでしょうか。

それは、法然上人の説く念仏が、ただの念仏ではなく「専修念仏《せんじゅ》」であったからです。「専ら修す」、「ただ念仏のみぞまこと」というのが「専ら念仏のみを修す」という教えです。『唯信鈔文意』には、

選択《せんじゃく》本願の名号を一向専修《いっこうせんじゅ》なれと、おしえたまう　（聖典五五五頁）

と説かれています。

これが当時の聖道門の比叡山や、南都奈良の伝統仏教から批判されました。もちろんその聖道門の仏教の教えにも、南無阿弥陀仏の念仏は説かれています。しかしその念仏とは、普通の人間、すなわち凡夫を救済するための劣った教えとしての念仏でした。

法然上人は、それをひっくり返されます。この世のすべての人間は皆、凡夫である。愚者、愚か者である。そのことにおいて、み仏のもとに皆、平等である。だから念仏しか救いはないのだと、専修念仏を説きました。ただひたすら称名念仏することこそが、唯一の真実の仏道、往生極楽の道なのだと説かれたのです。

比叡山や南都奈良の仏教は、これを批判しました。それは「偏執」である。偏執というのは、偏った思想です。『興福寺奏状』に、この言葉が出ています。つまり、仏教とはいえない。お前たちは、我われの正統な仏教から見れば異端である。放置すれば国家の安泰、世間の秩序を脅かすという訴えを、朝廷に出したのです。

しかし朝廷は、正確には意味がわかっていなかった。それだけでなく、いたずらに専修念仏を禁止すれば、仏法を粗末にしていると思われてしまうと、なかなか『興福寺奏状』を取り上げなかったのです。そのようなときに、松虫、鈴虫という二人の女性が発心、出家するという事件が起こったのです。

法然上人の弟子である、住蓮、安楽の催した「六時礼讃《ろくじらいさん》」の法会にたまたま参って上人の説法を聞いて発心した二人の女性は、後鳥羽上皇に仕える院の女房、御所の女官でした。彼女らは、後鳥羽上皇が紀州熊野神社に参詣す

るために留守にしている間に御所を逃走し、鹿ケ谷《ししがたに》にある住蓮、安楽の庵を訪ねて出家、そのまま行方不明になってしまうという事件でした。実際には、後鳥羽上皇の愛妾《あいしょうい》の伊賀局《がのつぼね》と妃の坊門局《ぼうもんのつぼね》が、念仏法会に参加して発心したというのが事実だそうですが、あまりにも生々しいので、松虫、鈴虫という符丁《ふちょう》となって呼ばれ、後に伝説化されていったのです。

これが世間のうわさになって、後鳥羽上皇に仕える女房の密通事件として朝廷に伝わり、専修念仏の僧たちは人妻をかどわかす破戒僧だというイメージが流布されました。これに後鳥羽上皇は怒り、『興福寺奏状』の要求をほぼ丸のみにして、法然上人たちを流罪にし、住蓮たち四名を死罪にしたのです。

つまり松虫、鈴虫の発心、出家事件が触媒となって、専修念仏への「偏執」という思想が弾圧された。これが承元の法難の本質です。親鸞聖人は、『教行信証』に書かれています。

主上臣下《しゅじょうしんか》、法に背《そむ》き義に違《い》し、忿《いかり》を成し怨《うらみ》を結ぶ。（「後序」聖典三九八頁）

流罪となられた親鸞聖人は、そこから出発して、さらに法然上人から承った念仏の信心を深めていきます。すべての人間は、悪人たらざるをえない、罪をつくらずには生きてゆけない。ですから、本願に相応した仏道は念仏の信心しかないのだという、宗教的絶対平等の思想が開かれていきます。それゆえ、親鸞聖人は生涯にわたって法難にさらされたのです。

それでも、本願念仏による信心の仏法の灯火を奪われたり、侵されたりすることのないようにという願いを込めて、『教行信証』に「正信偈」を歌い、晩年には数多くの『和讃』も歌われたのです。これが承元の法難です。

百三年前に起こされた大逆事件もまた、国家権力による思想弾圧事件であり、まさに社会主義という平等思想が弾圧された。そして、禅と念仏に関わる仏教者が含まれていたという意味で、近代日本の法難としてとらえ返していかなければならないと考えています。

三、近代日本の法難

大逆事件とは何だったのか。事の発端は、一九一〇（明治四三）年五月、長野県内で宮下太吉という男が逮捕されたことでした。彼は手作りの爆弾を天皇に投げつけようとしたと供述します。これは背景に天皇を暗殺する計画があるに違いないということで、捜査は警察から検察の手に移されました。

検察は、こういうことを考えるのは社会主義者に違いない。その線でいこうと、動き出しました。そして、事件には直接関わっていなかったにもかかわらず、当時社会主義思想のリーダー格だった幸徳秋水を首謀者として、事件の筋書きを作っていきました。まず交友関係を洗い出し、全国各地数百人の人々を捕らえ始めます。事件は瞬く間に、大陰謀事件に発展していきました。

指揮を執ったのは平沼騏《き》一郎《いちろう》、後に首相になった人です。当時は司法省の局長でした。政権を担っていたのは、桂太郎内閣総理大臣です。軍人出身の桂首相は、第二次桂内閣の政策として、社会主義への弾圧を掲げていました。「社会主義に関わる出版、集会を制限して、まん延を防ぐべきである」と。

大逆事件と同じ年に行われたのが韓国併合で、それを目前にして、朝鮮人民の自由と独立を尊重せよと主張をしていた社会主義者たちを、桂内閣は警戒していました。日露戦争で大陸進出への足がかりをつかんだ日本が、権益拡大を図っていたこの時代、幸徳秋水をはじめとする社会主義者たちは、こうした帝国主義的政策に反対し続けていました。

幸徳秋水は、有名な思想家です。四国は高知、土佐中村、今の四万十市に生まれ、本名は幸徳伝次郎です。若くして自由民権運動に加わり、やがて中江兆民の弟子となります。中江兆民という人が、また偉大な思想家です。この人も土佐に生まれ、坂本龍馬の後輩で、二十歳代でフランスへ留学し、自由、平等、民主主義思想の源泉となった、ルソーの『民約論』を翻訳しました。いわゆる『社会契約論』です。やがて一八九〇（明治二三）年、第一回帝国議会で初の国会議員になりますが、辞職します。この東洋のルソーたる中江兆民に師事して、兆民が死ぬまで薫陶を受け、当時欧米から入った最新の思想である社会主義を身につけた人が、幸徳秋水です。

幸徳秋水は、東京へ出て、『萬朝報《よろずちょうほう》』という新聞の記者になります。その新聞社は、初めは日露戦争に反対していましたが、政府の圧力でついに賛成の方へ回ってしまう。そこで彼は、堺利彦や内村鑑三たちと共にそこを辞めて、自分たちで『平民新聞』という新聞を作ります。ここで日露戦争に反対する非戦平和を訴え、韓国併合に批判の論陣を張ってまいります。

幸徳秋水は、大変な名文家、文章の達人でした。たとえば、日露戦争が起こりますと、『平民新聞』では、こう書かれました。

行矣《ゆけ》従軍の兵士、吾人今や諸君の行を止むるに由なし 諸君今や人を殺さんが為に行く、否《しから》ざればすなわち人に殺されんが為に行く、吾人は知る、是れ実に諸君の希《ねが》ふ所にあらざることを。

あるとき、一人の老人が幸徳秋水を訪ねてきます。何と田中正造です。田中正造は、当時の国会議員であり、日本の最初の公害問題である足尾鉱毒事件を国会で徹底追及した人です。しかしまともに取り上げられなかったので、思い詰めた田中正造は、ついに国会議員を辞め、天皇に直訴しようとします。

その直訴状を、「当代きっての名文家である幸徳さん、あなたに書いてほしい」と頭を下げて頼み込みます。幸徳秋水は、「そんなものが書けるか」と最初は断るのですが、ついにやむなく徹夜で書き上げます。

その文を懐に入れ、田中正造は出立します。ときは一九〇一（明治三四）年十二月十日午前十時、帝国議会に行幸するために進み行く明治天皇の馬車をめがけ、田中正造が直訴状を掲げて「お願いがございます」と突入していきます。たちまち取り押さえられてしまいますが、後世に残る天皇直訴事件です。

『平民新聞』など、社会主義思想への弾圧は次第に厳しくなり、絶えず発売禁止、ついには廃刊させられます。ここで明治時代の思想、信教、表現などの自由の権利が、著しく侵害されていた状況を見てみたいと思います。

一八八三（明治一六）年に改正された「新聞紙条例」によって、新聞、雑誌などは、すべて当局への届け出と許可が必要でした。保証金も要る。内容はすべて検閲され、不穏当とみなされると削除、発売禁止、取り消し、罰金になります。

一方、信教の自由についても、大日本帝国憲法第二十八条で、「安寧秩序を妨げず、および臣民たるの義務に背かざる限りにおいて信教の自由を有す」と定められました。「安寧秩序を妨げず、臣民たるの義務」というのは、絶対的な条文とされる第三条の「天皇は神聖にして侵すべからず」に抵触してはならないということです。

また、第二十九条には「法律の範囲内において言論、著作、印行、集会および結社の自由を有す」と定められていて、条件付きの権利としての思想、信教、言論の自由でありました。さらにこの罰則として、刑法第七十三条に「大逆罪」が、第七十四条に「不敬罪」が定められていました。「不敬罪」は、天皇や皇族への不敬の行為を禁止することです。まさにがんじがらめです。

また、一九〇〇（明治三三）年に成立した「治安警察法」も、忘れないようにしなければなりません。「神官、神職、僧侶その他、諸宗教の教師の政治結社への加入を禁止する」というお達しも出ています。ここから、僧侶は政治に関わるなというのが、世間に通用していくようになるわけです。

このような状況の中で、国家権力は自らの都合で人間の善悪正邪を決定して不都合なものは取り締まり、弾圧していったのです。こうした状況が、実に明治から一九四五（昭和二〇）年八月十五日の敗戦まで続いてきたのが、日本の近現代史です。

しかしこのような不自由な状況でも、人は自由な生き方を求めます。求めずにはおれない。アーティストは詩を詠み、歌を謡い、小説を書いた。思想家はペンを武器にして非戦平和を、差別からの解放を表現しました。

そういう視点から、あらためてこの時代の文学者たちのものを読み直してみます。たとえば森鷗外、正岡子規、夏目漱石、佐藤春夫、与謝野晶子、石川啄木、竹久夢二や永井荷風などの作品を読みますと、彼らがいかに苦心惨《さん》憺《たん》して自己の信念を貫こうとしたか、生きることの真実を命がけで表現しようとしたかが、うかがえるのではないでしょうか。私はこのような時代の思想、信教、表現の自由への弾圧も、広い意味での法難ととらえています。

今自民党が出そうとしている憲法改正草案には、このような時代に戻そうとする内容が含まれていることを、私は危惧しています。

さて大逆事件というのは、一言でいいますと、非戦平和と自由と平等を訴える思想を、社会主義という名の下に危険な思想とみなして徹底的に弾圧し、抹殺しようとした国家による犯罪でした。

大逆事件に巻き込まれて死刑判決を受けた二十四名の中には、大石誠之助、成石平四郎、高木顕明、峯尾節堂、崎久保誓一、成石勘三郎という紀州和歌山、熊野地方に住む六名が含まれています。

このうち、大石誠之助と成石平四郎が死刑に、高木顕明、峯尾節堂、崎久保誓一、成石勘三郎は無期懲役に処せられました。なぜ熊野地方の人たちが六名もこの事件に連座させられたのか。高木顕明の事績を通して訪ねてみたいと思います。

2. 高木顕明の生涯と大逆事件

一、高木顕明――あゆみと仲間たち

高木顕明は、愛知県西春日井郡の真宗門徒、いわゆる尾張門徒の家に生まれました。本名は山田妻三郎です。尾張小教校で学んだ後に、名古屋の寺院で仕事をしながら、養源寺住職の神守空観《かみもりくうかん》という学僧の私塾で、仏教・真宗の教えを学びます。二十四歳のころに縁があって得度します。法名は顕明です。この間、結婚もしますが、妻とは死別します。

三十歳のころ、名古屋で知り合った友人の高木礼譲が、和歌山県新宮にある浄泉寺の住職になった縁で高木家の養子となり、高木顕明と名乗るようになります。このころすでに高木顕明は、紀州熊野川の中流にある松沢炭鉱で働く炭坑夫たちを相手に、説教をしたりしていました。そして一八九九（明治三二）年、三十五歳のときに高木顕明は浄泉寺の住職となります。

浄泉寺のある和歌山県新宮の地は、どういう所でしょうか。紀州熊野は、平安時代の昔から「熊野詣」の霊地と

して、日本社会の中で特別な役割を果たしてきました。そして熊野の豊かな木材の集積地としての利で、発展してきた町が新宮です。

現在の新宮市は、和歌山県の南東部、熊野川の右の岸に面し、熊野灘を臨む森と川と海のある土地です。近世では、徳川家の家老水野氏が丹鶴城を築き、その城下町として発展しました。

浄泉寺は、新宮藩主である水野家から菩提寺同様の扱いを受けてきたお寺です。もともと水野家は遠州浜松、今の静岡から新宮に入ってきましたので、浄泉寺の山号も遠州浜松から字を取って遠松山と号しています。

その浄泉寺の門徒には、被差別部落の人たちが含まれていました。高木顕明が住職になってまず直面したのが、被差別部落の門徒が置かれている厳しい部落差別の現実でした。

初めのころ、高木顕明は部落の人々に強い拒否感を持っていました。彼は住職になる三年ほど前、名古屋で一冊の本を出しています。演説会記録『日蓮宗非仏教』という仏教論の題で、被差別部落の人に対する強い差別意識があらわされています。

その高木顕明が、浄泉寺の住職として被差別部落の門徒に接したときに、自分の心の中に巣くう差別意識の深さに驚き、かつ情けなく思ったのです。親鸞聖人は、差別されている人々のことを「御同朋御同行」とかしずかれ、「いし、かわら、つぶてのごとくなるわれらなり」と呼んで、むつみ合われたではないか。しかし私の心の中には、部落への嫌悪感があると。

そこで高木顕明は、「これも煩悩だ、仕方ない」と自己肯定して居直ることはしませんでした。親鸞聖人の教えを鏡として、そこに映し出された「歴史的社会的存在としての自己」とは何ぞやと、自問自答し続けたのです。

やがて彼は、積極的に被差別部落の門徒と共同生活をするようになります。とはいえ浄泉寺は、京都の本山からも、大阪からも遠く、隔絶した所に一か寺だけぽつんとある大谷派の寺院です。ここで結婚して、養女も迎えて家庭を持ってはいましたが、僧侶としては孤立していました。悩みを打ち明ける友人がいなかったのです。

しかし、思いがけない人々との出会いが始まります。新宮で起こった部落差別事件がきっかけで、浄泉寺の門徒、キリスト教会の牧師や信者、町の有識者である大石誠之助たちの間で、部落差別からの解放を語り合う談話会「虚心会」が発足します。水平社運動が起こされる十年以上も前に、新宮でこんな場が生まれていたのです。

ここで知り合った人物が、大石誠之助です。大石誠之助は、アメリカ帰りの開業医でした。貧しくて医療費を払えない患者さんは、医院のドアを三回ノックすれば合図となって、診察代を取られなかったといいます。毒を取ってくれる「ドクトル大石」として慕われていました。大石誠之助は、また思想家でもあり、東京で社会主義者の幸徳秋水が発行している『平民新聞』を購読し、投稿もしていました。そうはいっても固い人ではない。新宮の町に初めて西洋料理店のレストラン「太平洋食堂」を開いたり、パンも焼いてテーブルマナーも教えた。また彼は、東京で文化学院を開いた西村伊作のおじでもあり、歌人与謝野鉄幹とは親友の関係だったのです。都々逸《どどいつ》も唄う粋な人でした。

そのほか、新宮教会の牧師の沖野岩三郎。若くして区長となり、村会議員も務め、地元の世話役をしていた成石勘三郎と、その弟の成石平四郎もメンバーとなった。平四郎は隣の本宮町で筏《いかだ》流しをしていました。真宗門徒です。

地元で地方新聞の記者をしていた崎久保誓一、さらには臨済宗妙心寺派の真如寺住職である峯尾節堂が、熊野川町から参加しました。このような人々との出会いが、高木顕明の生き方を励まし、思想と信仰に磨きをかけていったのです。

そのころ、新宮の町に実業家の発案で遊郭を設置する動きが起こりました。遊郭というのは売春宿のことで、和歌山県の県議会はこれを承認しましたが、高木顕明たちはこの動きに猛然と反対し、廃娼運動を起こします。貧しさゆえに娘たちが遊郭に身売りされていくことを、放っておけなかったからです。

一九〇四（明治三七）年二月、高木顕明が四十歳のとき、日露戦争が勃発します。日本の仏教界は、これにこぞって協力し、特に東本願寺・西本願寺は国家の戦争政策に追随し、正当化して支援をします。そういう状況にあって、高木顕明は、新宮の町で開かれた日露戦争の「戦勝祈願・敵国降伏祈願仏教会儀式」に参加するのを一人拒否します。

「仏教徒である私は、不殺生すなわち非暴力を貫く。どんな戦争をも肯定しないのが仏教のはずだ。しかも私の信心は絶対他方である。浄土真宗ではいかなる祈願もしない。弥陀一仏の他を礼拝するものではない」といって、日露戦争の戦勝記念碑を建てることにも断固反対したのです。

このとき世間で大変な評判になったのが、与謝野晶子の詩『君死にたまふことなかれ』でした。

あゝをとうとよ　君を泣く　君死にたまふことなかれ　末《すえ》に生まれし君なれば　親のなさけはまさりしも　親
は刃《やいば》をにぎらせて　人を殺せとをしへしや　人を殺して死ねよとて　二十四までをそだてしや

高木顕明も、この詩に感銘を受けたらしく、大石誠之助の甥である西村伊作が描いた晶子の肖像画が、浄泉寺に残されています。

二、信心の表白『余が社会主義』

日露戦争のさなかに、高木顕明は『余が社会主義』という論文を遠松というペンネームで執筆します。遠松は浄泉寺の山号です。その論文は、草稿のまま未発表で箱の底に眠っていたものですが、大逆事件に巻き込まれて家宅捜査を受けた際に、証拠書類として押収され、後世の人の目にふれるようになりました。

この論文は、高木顕明がさまざまな人々との出会いを縁として、社会主義という思想に巡り合い、それを通してあらためて仏教、真宗を読み返し、とらえ返して、最終的に自己の信念、信心を表白するというかたちに結実していった、まさに高木顕明の「真宗原論」です。その本文から、主な部分の抜粋を朗読してみます。

余《よ》は社会主義は政治より宗教に関係が深いと考へる。社会の改良ハ先づ心霊上より進みたいと思ふ。（中略）此処《ここ》で第一の信仰の対象たる其の一ツの教義と云ふは何事を云ふかと云へば、即《すなわ》ち南無阿弥陀仏であります。此《こ》の南無阿弥陀仏は天竺《てんじく》の言で有りて真ニ御仏《みほとけ》の救済の声である。闇夜の光明である。絶対的平等の保護である。智者にも学者にも官吏ニも富豪にも安慰を与へつゝあるが、弥陀の目的は主として平民である。愚夫愚婦《ぐふぐふ》に幸福と安慰とを与へたる偉大の呼び声である。

日本の語で云ふて見るなら阿弥陀仏と云ふ過境の普善者が救ふから安心せよ護るから心配するなと呼《よん》で呉《く》れたる呼び声である。嗚呼《ああ》我等ニ力と命とを与へたるは南無阿弥陀仏である。（中略）詮《せん》ずる処余ハ南無阿弥陀仏には、平等の救済や平等の幸福や平和や安慰やを意味して居ると思ふ。しかし此の南無阿弥陀仏に仇敵《きゅうてき》を降伏《ごうぶく》するという意義の発見せらる、であろーか。

余は南條博士の死《しぬ》るハ極楽ヤッツケロの演説を両三回も聞た。あれは敵害心を奮起したのであろーか。哀れの感じが起るではないか。

二ツ二人師《にんし》（人間の師匠の意）とは余の理想の人である。第一番には釈尊である。（中略）天竺《てんじく》や支那に其の人を挙げれば沢山ニある。しかし今ハ此を略して置く。日本では伝教でも弘法でも法然でも親鸞でも一休でも蓮如でも尤《もっと》も平民に同情厚き人々である。殊ニ余は親鸞が御同朋御同行《おんどうぼうおんどうぎょう》と云ふたのや、僧都《そうず》法師《ほうし》の尊さも僕従者《ぼくじゅうもの》の名としたりと云たより考へ来ると、彼れは実に平民に同情厚き耳《のみ》ならず、確ニ心霊界の平等生活を成したる社会主義者であろーと考へて居る。（中略）

三つに社会である。理想世界である。諸君はドー思ふか。余は極楽を社会主義の実践場裡《じょうり》であると考へて居る。（中略）

極楽世界には他《た》方之《ほうの》国土《こくど》を侵害したと云ふ事も聞かねば、義の為ニ大戦争を起したと云ふ事も一切聞れた事はない。依て余は非開戦論者である。戦争は極楽の分人の成す事で無いと思ふて居る。（中略）飢《うえ》に叫ぶ人もあり貧の為めに操を売る女もあり雨に打たる、小児もある。富者や官吏はこれを翫弄物視《がんろうぶっし》し是を迫害し此を苦役して自ら快《こころよし》として居るではないか。

外界の刺激が斯《かく》の如き故ニ主観上の機能も相互ニ野心で満ちて居るのであろ。実に濁世《じょくせ》である。苦界《くがい》である。闇夜である。悪魔の為めに人間の本性を殺戮せられて居るのである。（中略）

此の闇黒の世界に立ちて救ひの光明と平和と幸福を伝道するは我々の大任務を果すのである。

諸君よ願くは我等と共に此の南無阿弥陀仏を唱へ給ひ。今且らく戦勝を弄《もてあそ》び万歳を叫ぶ事を止めよ。何となれば此の南無阿弥陀仏は平等に救済し給《たま》ふ声なればなり。
諸君よ願くは我等と共ニ此の南無阿弥陀仏を唱へて貴族的根性を去りて平民を軽蔑する事を止めよ。何となれば此の南無阿弥陀仏は平民に同情之声なればなり。
諸君願くは我等と共ニ此の南無阿弥陀仏を唱えて生存競争の念を離れ共同生活の為めに奮励せよ。何となればこの南無阿弥陀仏を唱ふる人は極楽の人数《にんじゅ》なればなり。欺の如くして念仏に意義のあらん限り心霊上より進で社会制度を根本的に一変するのが余が確信したる社会主義である。

（『高木顕明の事績に学ぶ学習資料集』一〇四〜一〇六頁）

この文で高木顕明は、自分にとっての社会主義とは、すなわち南無阿弥陀仏であると述べ、それは闇夜の光明であるといいます。彼はなぜ冒頭に六字の名号を掲げたのかというと、親鸞聖人の『教行信証』「行巻」に、「破闇満願」ということがあるからです。

しかれば名を称するに、能く衆生の一切の無明を破し、能く衆生の一切の志願を満てたまう。（中略）念仏はすなわちこれ南無阿弥陀仏なり。

（聖典一六一頁）

南無阿弥陀仏を称えると、我らの真実に暗いありさまが破られ、あらゆる願いも満たされる。それが念仏のはたらきである。

親鸞聖人は『高僧和讃』にも、

無碍《むげ》光如来の名号と　かの光明智相《ちそう》とは
無明長夜の闇《あん》を破《は》し　衆生の志願をみてたまう

（聖典四九三頁）

と歌われています。
「破闇《はあん》」を言い換えれば、どのような教義、理論、イデオロギーであっても、それを無批判に崇拝したり、それに縛られたりしない。あらゆる独断と偏見を破るはたらきとして、親鸞聖人は南無阿弥陀仏を掲げられているのです。そこに高木顕明は呼応しようとしたのです。この破闇満願の呼び声が、百年の時空を超えて聞こえてきます。

極楽世界には他方之国土を侵害したと云ふ事も聞かねば、義の為ニ大戦争を起したと云ふ事も一切聞れた事はない。依て余は非開戦論者である。戦争は極楽の分人の成す事で無い

この根拠は何かというと、法蔵菩薩の四十八願の第一願、極楽世界には、この世にあるような地獄、餓鬼、畜生の三悪道があってはならない、つまり戦争と貧困と差別のない世界を願うという誓いです。「極楽の分人《ぶんじん》」、「極楽の人数《にんじゅ》」というのは、その一員であるという意味です。ですから念仏者は、極楽を鏡として、この現実を映し、いかに生きるべきかを問い続けていくのです。

高木顕明は問いかけます。

実に濁世である。苦界である。闇夜である。悪魔の為めに人間の本性を殺戮せられて居るのである。（中略）此の闇黒の世界に立ちて救ひの光明と平和と幸福を伝道するは我々の大任務を果すのである。諸君よ願くは我等と共に此の南無阿弥陀仏を唱へ給ひ。

これは、闇を破る念仏のはたらきを忘れるな、み仏の願いに任せて生きよという声です。そこにもう一つの闇の譬えが読み込まれています。『教行信証』の「信巻」にあります。

千歳《せんざい》の闇室《あんしつ》に、光もししばらく至ればすなわち明朗《みょうろう》なるがごとし。闇《やみ》あに室にあること千歳にして去らじと言うことを得んや。
（聖典二七四頁）

千年の闇に閉ざされた部屋があったとしても、そこに光がわずかにでも差し込めば、一瞬にして明るくなるようなもの。闇が千年あったからといって、どうしてすぐに闇が消えないということがあるだろうか。

これは、私たちが長らく不問に付してきた教えの根本に関わるような、大きな課題であったとしても、マッチ一本で闇が晴れるように、信心の目覚め一つで事はすぐに動くのだ。いったい何をぐずぐずしているのかという、厳しい譬えでもあります。

髙木顕明の法名には、釈迦・弥陀二尊の心が込められています。髙木顕明は、法名に込められた願いを朝夕の勤行で「正信偈」を唱えるたびに感じていたのではないでしょうか。

大聖《だいしょう》興世の正意《しょうい》を顕《あらわ》し、如来の本誓《ほんぜい》、機《き》に応ぜることを明かす。

（顕大聖興世正意　明如来本誓応機）　（聖典二〇五頁）

つまり、釈迦・弥陀二尊の教えが「顕明」という法名に収められているのです。ですから、髙木顕明よ、汝はその名にかなった生き方をしているのか。その名の意義を明らかにする生き方をせよと、釈尊から、弥陀如来から呼びかけられている。そこで『余が社会主義』は、南無阿弥陀仏の名号を掲げ、人師として第一に釈尊を挙げているのです。

三、大逆事件――その真相と社会への影響

髙木顕明の歩みに戻ると、部落差別問題への取り組みや、日露戦争への非戦の声を語り合う「虚心会」は、浄泉寺でしばしば開かれるようになります。ところが、当時の言論統制はとても厳しく、小さな集会でも、会場には必

ず臨検警部が立ち会い、発言内容をチェックして、問題があれば途中で「弁士中止」と遮ります。

一九〇八（明治四一）年に浄泉寺の談話会にやってきたのは、何とあの幸徳秋水です。大石誠之助の招きで東京から新宮の地を訪れ、しばらく滞在して八月三日に浄泉寺で講演会を催したのです。講題は「社会主義より見たる自然主義」でした。

このように、高木顕明が住職としてあずかっている浄泉寺からは、自由と平等、非戦平和を心の底から渇望する志のある人々によって、その表現がこつこつと紡ぎ出されていたのです。

そこに突如起こったのが、大逆事件です。一九一〇（明治四三）年五月、爆弾事件で捕らわれた男を端緒として、これは天皇暗殺の一大陰謀事件であり、その首謀者は幸徳秋水で、その付き合いのある連中を皆一掃しようということになりました。これを機に一網打尽を謀ろう、捕まえて吐かせようと、検察が主導で動き出します。

高木顕明ら熊野の六名も、証人として捕らえられます。高木顕明も、証人として裁判所へ呼び出されて、そのまま捕らえられ、幸徳秋水や大石誠之助ら二十六名と共に取り調べが行われていきます。その調書や取り調べの様子は、『高木顕明の事績に学ぶ学習資料集』（真宗大谷派宗務所発行）に収載されています。

権威をかさに着た検事たちが、密室でストーリーを作り、それに犯人たちを結びつける、まことに強引な取り調べで調書が作成され、大審院の公判が年末の十二月十日に開始されます。

すべて非公開です。一人の証人も許されず、十二月二十九日までに十六回の法廷が開かれて結審するのですが、十一人の弁護人が置かれていても、検察への反論はまったく届きません。

翌年一月十八日に判決が出ます。二十四名に死刑判決。翌十九日、死刑判決を受けたうち半数の十二名が、天皇の恩赦によって無期懲役に減刑になりました。高木顕明も減刑された一人です。

死刑と決まった十二名は、一週間もしない一月二十四日と二十五日に、次々と処刑されて死んでいきました。

高木顕明は、この一大事件に巻き込まれて、一度は死刑判決を受けたのでした。まさかこんなことになろうとは、思いもしなかったでしょう。

一方、高木顕明が所属する教団、真宗大谷派の宗門はどう対応したか。本山は、高木顕明が逮捕され、大逆罪の公判に付されると決定した翌日十一月十日付で、住職を解任するという「差免《さめん》」処分にします。

そして翌年一月十八日の死刑判決当日、宗門における最も重い「擯斥《ひんせき》」処分を下します。これは除名、永久追放という処分です。ただ本山は住職を差免した後、裁判が始まった十二月二十日から一週間、調査員を現地の新宮へ派遣しています。

浄泉寺の門徒の人々や新宮町の町長、関係者から聞き取り調査をします。そこから浮かび上がってくるのは、高木顕明の実直な人柄、真宗の僧侶としての真面目な姿でした。調査員の藤林深諦氏は、これらを淡々とリポートしましたが、その下書きが「復命書」というかたちで南林寺に残っていました。しかし本山に報告したはずである肝心の「復命書」の本文そのものは、本山には現存していないといいます。

さらに本山は、顕明に死刑判決が出た二日後に、大谷法主の諭告として、「このような逆徒を大谷派から出てしまって、皇室に対して誠に恐懼《きょうく》に堪えない、恐れ入ります」という内務大臣宛ての陳謝状をしたためています。

この死刑判決が出たときは、親鸞聖人六百五十回大遠忌法要が四月から始まろうとする直前でした。そういうこともあって、高木顕明は大谷派教団から抹消され、排除され、見殺しにされてしまったのです。

以来、浄泉寺も大逆罪の僧侶、逆徒を出した寺院として、新宮の中で孤立させられていきます。後に残された高木顕明の妻のたしと、養女の加代子も、身の置き所がないような状況に追い詰められていったのです。

無期懲役となった高木顕明は、一月二十一日に秋田県秋田監獄に送られます。獄中にあって、高木顕明の心境はいかばかりだったか。彼が獄中から妻に出した手紙のことを伝え聞いた友人の沖野岩三郎が、後に小説『大逆事件の思い出』として紹介しています。手紙を読んだ妻のたしが、秋田監獄に面会に行く場面が小説ではこのように述べられています。

ここを出るとも早《はや》一生二人で一室に居ることは出来ないにきまっている、だから一秒一分でもよいから二人だけで一室に坐っていたいと思って、看守にどうぞお先へ、と云った。人のよさそうな看守はうなづきながら外へ出たが、急いで扉はしめなかった。高木とお琴《ママ》は二人きりで、その狭い面会室のゴザの上にしばらく坐って、最後の別れを惜しむことが出来たのであった。

お琴《ママ》が名残りを惜しみながら、仕方なく外へ出ようとした時、高木は大声で一言、お琴頼むぞ。とどなった。

（『高木顕明の事績に学ぶ学習資料集』一二四頁）

秋田監獄に送られた三年後、一九一四（大正三）年六月二十四日、高木顕明は獄中で首をくくって死んでいきました。五十歳でした。高木顕明の遺骨は、妻のたしが引き取りました。やがて、たしは娘の加代子と共に、新宮の浄泉寺を追われ、妹を頼って名古屋へ行きます。そこでたしは、一九二三（大正一二）年に亡くなりました。

養女の加代子は、芸者の置き屋に売られ、後に小料理屋を営みます。加代子の心の支えになったのは天理教の信仰でした。何もとがめずに彼女を支えてくれたのは、天理教の信者たちだったのです。

加代子は、浜松に高木家代々の墓を建立します。彼女は高木の姓に誇りを持っていました。加代子は、一九七二（昭和四七）年、七十二歳で亡くなりますが、それまで実にさまざまな苦難を耐え抜いた生涯だったといいます。記録の文も残されています。孫にあたる高木義雄も、証言していました。

ところで、大逆事件の真相を、その当時いち早く見抜いていた人が、少なからずいました。その一人が石川啄木です。

石川啄木は、『東京朝日新聞』の校正係をしていました。この事件の弁護人であった平出修から裁判資料を見せられ、全身を揺さぶられるほどの衝撃を受け、そのことを『時代閉塞の現状』という評論で書きますが、言論統制で発表する機会はなかった。これは現在、岩波文庫本で読むことができます。またここには、牢獄で書かれた幸徳秋水の文が収録されています。

石川啄木は、幸徳秋水たち十二名が死刑になった年に、『ココアのひと匙《さじ》』というタイトルで次のような詩を書いています。

はてしなき議論の後の　冷めたるココアの　ひと匙を啜りて　そのうすにがき舌触りに　われは知る　テロリストの　かなしき　かなしき心を

画家で詩人の竹久夢二も、この事件に衝撃を受けた人物の一人ですが、彼もまた『平民新聞』に投稿していたことを理由に、大逆事件の検挙が始まった年に検挙され、二十日間勾留されました。

竹久夢二は、死刑執行があった日の号外を見て、家の中で、ひそかに妻と共に彼らの通夜をしました。また、高木顕明が秋田監獄で自殺する前の年、画詩集『どんたく』に『宵待草』という歌を発表します。

待てど暮らせど　来ぬ人を　宵待草のやるせなさ　今宵は月も出ぬそうな

そこには、ひそかに大逆事件が、革命が歌われていました。「月も出ぬそうな」というのは、時代の暗さをあらわしています。

3. 近代国家と大谷派――真俗二諦

一、宗門の近代史の検証

さて宗門の近代史の検証です。高木顕明を永久追放という処分で見殺しにした当時の大谷派宗門の教義、そして宗教団体としての基本方針はどういうものであったのかを検証しなければなりません。その前に、幕末・明治維新のころの東本願寺・西本願寺の状況を見ておきます。

今年は東西分立のキーマンとなった、東本願寺教如上人四百回忌にあたります。東と西というのは、たんなる区別ではなく、そこには政治上の東西問題が絡んでいます。

信長亡き後の本願寺は、秀吉の天下のもとで再興されました。しかし教如上人は秀吉から引退を命じられ、流浪の身となります。やがて家康の時代になり、教如上人は東本願寺として分立します。

以来、西本願寺は秀吉の西方、東本願寺は徳川幕府の東方として互いの存在を意識し、違い目を強調します。儀式や建築様式、あらゆるものの違い目を強調するようになります。一説には「ハトまで違う本願寺」といわれました。

西本願寺は、秀吉に恩があるので、幕末には勤王の志士の側に味方します。尊王攘夷の思想を持った僧侶が、続々あらわれます。有名な人は、月性や黙霖です。彼らが吉田松陰と交流して、松陰に影響を与えています。ですから、明治維新の際、西本願寺は新政府に覚えがいいわけです。

一方、東本願寺は、徳川幕府側なので苦境に立たされます。明治新政府から姿勢を問われると、一転して朝廷側に従うということを明言して、北海道開拓に乗り出します。

戊辰《ぼしん》戦争で、東本願寺・西本願寺は、ここで時世に取り残されてはならぬと懸命な努力をして戦争に過剰適合していきます。膨大な戦争への献金を行い、門徒にも勧励します。新政府は、東・西の両本願寺が提供する豊富な資金や門徒のネットワークを利用して戦争を展開し、政府と本願寺両者は相互依存の関係になっていったのです。明治政府が国家として動き出すと、本願寺教団も国家との関係を明確にしなければならなくなったのです。

そこで採用されたのが、「真俗《しんぞく》二諦論《にたいろん》」です。一言でいえば、国家こそ公のもので、国家に保護されてこその仏法であるという考え方です。これによって、教団を保守、護持していくことになります。

そもそも真俗二諦論とは、本来そのような意味ではなかったのです。「真諦」とは真理そのもの、出世間のことであり、つまり、仏の覚証《さとり》そのものです。「俗諦」とは悟りを伝える言葉、いわば方便法身のことです。法性法身が真諦で、方便が俗諦なのです。

それが天台宗の最澄によって、仏法を真諦、王法を俗諦と定義づけられました。この王法とは世俗の国法や掟をいいます。これが聖道門の真俗二諦論です。親鸞聖人は、本来の意味で受け止められています。

ところが本願寺教団では、覚如上人と存覚上人が、真宗の教えに聖道門の真俗二諦論を導入したのです。またそれだけではなく、日本の神々は、本地である仏菩薩たちが神としてあらわれた姿であるという、「本地《ほんじ》垂迹《すいじゃく》説《せつ》」も取り入れています。本願寺教団を維持し、形成していくための手段でありました。第八代蓮如上人は、それを受け、『御文』に王法と仏法の共存を明確に説かれるようになります。これが近代に受け継がれてきました。

そして、東本願寺・西本願寺共に近代の真俗二諦論は、「真諦＝仏法」、宗教的真理、浄土往生の信心であり、「俗諦＝王法」、世俗的真理、天皇制国家と国法への忠誠とし、「二諦相依・二諦相資」の宗義・教義を基本方針としたのです。これによって、浄土真宗の教団が国家神道の一翼を担い、国家の宗教性を普遍化して、侵略戦争を「聖戦」として位置づけていったのです。

この真俗二諦が、従軍布教、海外開教、監獄教誨、部落問題への融和政策、ハンセン病の撲滅・隔離政策に無批判に加担する根拠となり、天皇の恩恵を喜ぶ恩寵《おんちょう》主義として機能していきます。

これが儀式や教学、教化活動全般にまで及んでいきます。報恩講は真諦門の儀式で、俗諦門の儀式としては、酬徳会というのを、歴代天皇や宗門外護者の法名を記した過去帳を安置し、本尊の前で行います。これは一九九八（平成一〇）年三月まで続きました。

本堂の本尊、阿弥陀如来の両脇には「天牌」（天皇の位牌）が安置されていました。これは一九八一（昭和五六）年の宗憲改正後に撤去されました。

一八七六（明治九）年、明治天皇より「見真大師」号の勅額が贈られ、御影堂の御真影まします欄間には「見真大師」の額が掲げられます。これにより、御影堂は「大師堂」と呼ばれるようになりました。一九八一年の宗憲改正時に御影堂という元の名に復元されましたが、額は依然として掲げられたままになっています。近年、大谷派の宗議会では、このことについてさまざまな論議や研究が活発に行われていますが、大切なことです。この「見真大師」の額こそが、真宗大谷派における真俗二諦のシンボルなのです。

二、前を訪え・高木顕明と復権

ここではっきりおわかりになったと思います。高木顕明が社会主義の名の下に南無阿弥陀仏の教義を掲げたのは、このような教団の真俗二諦論の枠を突き抜けた思想、信心であったということです。

それは本願寺教団が真俗二諦論によって「浄土」を喪失し、「同朋」という人間関係や社会性を破壊したということに対する批判です。『歎異抄』にある「おおせにてなきことをも、おおせとのみもうす」（聖典六四一頁）、すなわち親鸞聖人からの乖離《かいり》、背き離れることへの悲痛な叫びです。

大逆事件で大谷派から、浄泉寺から高木顕明を奪って断罪したのは、国家権力そのものですが、真俗二諦を掲げて、その国家権力と一体化してきた私たち本願寺教団のありさまは、まさに共犯者でした。きついいい方ですが、でも親鸞聖人の流れにあずかるものとして、目を背けずに見据えていかなければならないと思います。

私は、高木顕明と一つ違いで同時代を生きた、近代真宗教学の大家、清沢満之先生のことも大きな存在として尊敬しています。彼の提起した教団改革、『絶対他力の大道』や『わが信念』という思想信仰が、同朋会運動を呼び覚ましたからです。

しかし、その清沢満之先生といえども、宗門が掲げた真俗二諦論の枠組みそのものを、相対化することはできなかった。清沢満之先生の限界です。清沢満之先生の『真俗二諦論』も同様で、そういうことも含めて、これから課題になってきます。

しかしながら、真俗二諦論は決して過去のことではありません。シンボルが生きていますから、我われの中に姿形を変えて、ニュアンスを変えて真俗二諦というイデオロギーは生きています。

こんな発言や文章を見聞きしませんか。

「国家こそ公である。それに対して、宗教は私的な心の問題である」

「坊さんは政治に口を出すべきではない」

「ボランティアやデモに参加するのは仏教ではない。たんなる社会運動だ」

「なぜ差別や靖国問題が、信心の問題なのかわからない」

「あいつは信心派か、社会派か」

「ヒューマニズム、人権の思想というのは、西洋のキリスト教を背景にした人間観で、理知や自我を優位とする。真宗の教えはもっと深い死生観、罪悪観であって、その信心に帰るしか救いはない」

「キリスト教もイスラム教も非常に排他的で、その点、仏教は非常に度量の広い宗教哲学だ」

こういう発想こそ、現代における真俗二諦論イデオロギーの典型です。

大逆事件から百年目の二〇一一年三月十一日、東北地方を巨大地震が襲いました。福島県では、津波によって原子力発電所が破壊され、爆発を起こしました。あれから二年、事故はいまだ収束していません。

今の日本の政権担当者は、かつて原発を無批判に称賛し、安全神話を振りまいて推進してきた自民党であり、国会で政権与党になって、まるで何事もなかったかのように、原発が再稼働されようとしています。震災大国の日本列島を、再び放射能汚染のリスクで囲い込もうという動きです。まるで一九四五年の敗戦前の軍国主義そっくりのやり方です。

原子力発電所は、そこで働く者に被ばくを強いるシステムです。また原発を抱え持つ地方、地域に被ばくの危険を与え続け、被ばくさせられた者を差別するという構造を持っています。原発がないと日本のエネルギーが枯渇し、経済活動は停滞し、景気が悪くなるという真っ赤な嘘を、まことしやかに語り続ける人間を産み出す悪魔の工場が原発です。

私は今こそ、大逆事件でいのちを奪われた幸徳秋水、大石誠之助ら、十二名の沈黙の叫びに耳を傾けたいのです。

無期刑になり、宗門からも追われ、ついに独り自ら首をくくっていった高木顕明。あなたの書き残した言葉を口ずさみ、そこにどんな思いと志が込められていたのかを、聞き取っていきたいのです。

高木顕明よ、あなたが没して今年は九十九年、百回忌にあたります。今日のこの法会は、非戦平和を願い、今なお私たちの中に生き続けているあなたを想う集い、遠松忌法要であります。

高木顕明よ、私たちの宗門は、あなたを新宮の浄泉寺の門徒から奪い、大谷派教団から奪った国家との共犯者でありました。そしてそのことを長らく忘れ果てていました。

しかし、あなたが残した『余が社会主義』という言葉の下に、あらためて解き明かされた浄土の真宗、親鸞聖人の教えが、歴史の彼方から、忘却の闇の底から、闇を破る光を発しています。まさに百年の破闇が今、ここに届き、光を発しています。

いよいよあなたと、あなたたちの志を訪ね、願いを受け継ぎ、語り継いでいく。それこそ、親鸞聖人の言葉である、

後《のち》に生まれん者《ひと》は前《さき》を訪《とぶら》え、

（「化身土巻」聖典四〇一頁）

と呼応します。それは過去の者たちの思い、目覚めた人の誓い、往生人の願いを訪ね、受け継ぎ、未来の人々へと託していくことが、現在《いま》を生きる者の務めであるという意味です。

私たちもまた、極楽の分人、極楽の人数として、戦争と差別と貧困のない世界を目指して、核兵器も原子力発電所もない国土を願って、念仏の信心に生きていくことを、ここに申しあげます。南無阿弥陀仏。

第三部　真宗大谷派の新宗憲と今後の課題

真宗大谷派の新宗憲

1. 宗憲改正への歩み

一、新宗憲の成立と新たな問題

紛糾し続けている大谷派の「宗憲」が改正された。竹内良恵管長代務者の招集による、第一一二回定期宗議会は、一九八一（昭和五六）年五月二十七日開会され、五月二十八日から「教団問題」の解決と今後の教団運営の基礎となることをはかった「真宗大谷派宗憲案」をはじめ、四七億二四五〇万円にのぼる「昭和五十六年度予算案」などの案件の審議がなされ、六月五日、全十四章百一条からなる「宗憲改正案」は、宗務当局（五辻《いつつじ》宗務総長）の原案どおり可決された。採決は、宗議会議員定数六十五議席中、出席議員五十八名で、可が五十、否が八という圧倒的多数（宗憲改正には三分の二以上の賛成が必要）である。「時代社会の要請に応える教法を現代に蘇生させる」ために、大谷派教団がその宗門行政機構をあげてとりくんできた「同朋会運動」とそのポリシーを支える、いわゆる「改革派」の十二年ごしの闘いは、この「新宗憲」の可決で新しい局面を迎えることになった。新宗憲は、本会議閉会後の翌日、六月十一日から公布施行され、関係者は、「これで大谷派の宗門正常化ならびに近代化は大幅に前進」と安堵した。

ところが、宗憲改正・公布に照準を定めたように、二日後の六月十三日、かねてから宗派からの離脱に執心してきた大谷光紹新門（大谷光暢法主の長男が東京本願寺住職）が都庁に提出していた宗派離脱申請書が認証されたのである。これによって真宗大谷派東京別院（東京本願寺・台東区浅草）は大谷派から離脱してしまった。これに対し当局は、即座に異議を申立て、文化庁に審査を請求、また東京都を相手取って行政訴訟を起こすなど、強力な反対運動を展開していくことを明らかにした。さらに五辻内局は、六月十七日に大谷光紹住職を十五日付で大谷派の僧籍簿から抹消し、新宗憲における「門首」後継者としての新門の地位を失効させ、門首後継者は光紹氏長男の光見新々門（当時、高校一年生）にすることを継承審議会で決議したのである。

昨秋（一九八〇年）の「即決和解」で、内局が提示した和解三条件、

①法主が持っている宗派と本山・東本願寺の代表権は、宗務総長に移す。

②全国五十三別院の代表権を、大谷家から輪番に移す。

③内局側の過去の宗政上の行為を全て認める。

この三条件に対し、内局側は、法主らへの告訴告発は取り下げ、大谷家側が抱えた巨額の借財を本願寺に関係あるものは宗派で処理することを約した。

この和解条件を受け入れたはずの大谷光暢法主は、光紹氏のこの宗派離脱に熱い共感のメッセージと、新宗憲への拒否宣言をとりまぜて、全国一万か寺に送りつけてきた。

二、「教団問題」その五つのピーク

ことここに至るまでの大谷派「教団問題」の経過をふりかえると、そこには五つのピークがあることがわかる。

第一のピークは、一九六二（昭和三七）年に同朋会運動が始まって、「家の宗教から個の自覚へ」というスローガンのもとに教団内改革が推進され、ようやく軌道に乗り始めた一九六九（昭和四四）年に起こった「開申」事件。法主・管長・本願寺住職の三職を兼務する大谷光暢氏が、「管長職を光紹新門に譲る」と突然発表したのが発端。その背後に事件師や右翼がからんでいることもあって、時の訓覇《くるべ》信雄内局は「宗憲の精神に基づき、宗門議会の決議によらねばならない」として、光暢氏の独断発表に反発した。これを契機に、それまで「宗門の近代化・民主化と親鸞精神への回帰」をめざす同朋会運動推進路線と、「宗祖親鸞聖人の血脈を引く大谷家を中心とした宗門の風土と伝統を守る愛山護法」を掲げる法主・大谷家擁護派との間にあった確執が、一挙に表面化したのである。

第二のピークは、一九七四（昭和四九）年二月の、宗教法人「本願寺」規則変更事件である。前年の宗議会選挙で再び勢力を挽回した改革派に抗して、大谷家側の末広内局は任期切れ二日前に、突如本願寺の運営を宗門世論から隔絶して、大谷光暢住職の恣意になるように意図する規則変更案を「参与会」で強行採決し、府庁へ認証を申請した。

第三のピークは、一九七六（昭和五一）年三月の「大谷の里」手形乱発事件。三井銀行京都支店に対し、大谷法主夫妻、四男暢道及び武内克麿、南コハク、村井玄次各氏が滋賀県内に福祉施設「大谷の里」を建設すると称して、五億円の約束手形を振出したことが明らかになった。同時に聖護院別邸を初めとする東本願寺名義の不動産処分が次々と明らかになり、改革派内局は法主と暢道氏らを背任罪で京都府警に告発した。

第四のピークは、一九七八（昭和五三）年十一月、宗派最大の年に一度の法要「本山報恩講」を前に、法主が、本山本願寺の真宗大谷派からの離脱を宣言。大谷家のいう「独立本願寺」の運営資金づくりを理由に、本山所有で時価一〇〇億円といわれる枳殻邸の所有権を四億円余の借金のカタとして京都市内のビル経営者松本裕夫氏に譲渡した。内局側は、枳殻邸処分について法主親子と側近の三池新二、松本裕夫両氏を背任罪で告訴。この決定的対決の姿勢は、翌一九七九年の本山報恩講法要で、自ら「正統」を掲げて入堂しようとする大谷家及び離脱推進派に対し、内局側が宗門の行政・立法機関をあげて警備体制を敷き、大谷家側入堂の拒否という形で激化した。

第五のピークは、一九八〇（昭和五五）年十一月の「即決和解」が成立したことである。これには大谷家と五辻内局との間を仲介した、宮内庁御用達の内藤弁護士による、政治的決着への工作が大きくはたらいている。それは金銭上のだらしなさと、宗政上の敗北でガタガタになり、今や司直の手ものびんとする大谷家を救出せんとする「オタスケマン」の登場であった。こうして一応の大義名分は、さきにあげた和解三条件で立てられた。そして、内局側は、大谷家の地位を象徴「門首」という不動のものとして盛り込んだ「新宗憲」成立へと踏み切るのである。

以上、五つのピークには、それぞれの特徴があるが、これを全体的な教団問題の流れにおいてとらえ直してみると、新宗憲に至るまでの道のりは、必ずしも改革派側にとって勝利ではなかったことが、明らかになるであろう。

すなわち、第一のピークでは、それまで同朋会運動を進めてきた改革派の教学論争提起に対して、法主という教権の側から、その教学をのせている行政路線にストップがかけられたのである。第二のピークでは、教学論争よりも法律論争にあけくれることになる。さらに第三のピークでは、教団問題は教学の刷新による現代社会への応答どころか、まったくの経済問題になってしまうのである。そして、第四のピークでは、逆に大谷家の側から、同朋会運動の源流となった明治の清沢満之氏の教学を異端と批判され、教義論争を挑発されたのである。それはアナクロニズム丸出しの拙劣な批判でしかなかったのだが、これに対して改革派側が応じた教学上の回答も、同朋会運動が始まって以来のお粗末な公式見解でしかなかった。そして、教団行政をあげて宗門総動員をはかり、「離脱派は帰れェ！」と連呼絶叫させた警備体制と、警備体制への批判者たちへの政治的圧力・排除という権力志向によって、同朋会運動が本質的に変質してしまった。その仕上げが、第五のピークである。この年の十月に毎日新聞が二六教団に対して行なった「靖国神社国家護持」問題に関するアンケート調査に対し、かつて一九六九（昭和四四）年には反対声明を出した宗務当局は、今度は「表明せず」という態度をとっていることが報道された。そのすぐあとに「和解」事件である。これは国家の宗教界の右翼的再編工作に、からめとられたということになるだろう。国家の要求する秩序意識、天皇家の姻戚に傷がつかぬようにと配慮する天皇制復権と、帝国主義国家への帰属意識の強化と、その国家による保護とひきかえに、抑圧に対する抵抗の牙を抜いた形での「和解」と、それにつらなる「新宗憲」による真宗門徒の思想管理が、みごとに演出されていったのである。そして「薬あればとて毒を」飲めよ、あちら立てればこちらも立てるとばかりに、新宗憲公布直後の東京本願寺の離脱認証がセットされた。ちょっぴり教団近代化・民主化の幻想を与えておいて、キッチリ元値《モト》はとるという権力のしたたかさがありありと見えてきたのである。

まえおきが長くなってしまったが、このような情況のなかで「改正」された宗憲とは一体何なのか。その内容、構造と思想性について、私なりの批判的検討を加えてみたい。

三、宗憲改正への歩み

戦後、宗教団体法による統制が解かれて、信教の自由が保証された日本国憲法が発布される少し前に「真宗大谷派宗憲」は公布された。一九四六（昭和二一）年九月二十四日である。一九二九（昭和四）年発布の宗憲や、戦時統制下の「宗制」に比べれば、かなり近代化されてはいるものの、明治政府によって設置を強制された管長制は残されており、管長には宗祖親鸞の血統をひく本願寺住職が推戴されると共に、住職は法統を一身に伝承する師主として位置づけられ、これを法主と称していた。さらに一九五一（昭和二六）年に、宗教法人法が制定され、これにもとづいて宗教法人「真宗大谷派」が設立された際に、宗派と本願寺の代表役員をも兼任することになっていたのである。つまり、血脈と法脈と統治権と法人の代表権が、大谷家当主の一身に占有されていたのである。このような宗憲のあり方が検討され始めたのは、同朋会運動創始の翌一九六三（昭和三八）年である。宗憲改正調査会規程が発布され宗務機構の洗い直しがなされ、一九六九（昭和四四）年の「開申」事件のさいには、宗務審議会や宗制特別審議会の規程が発布され、管長推戴条例等への答申が出された。やがて一連の「教団問題」の中で、しばしば宗憲のあり方が問われ、一九七六（昭和五一）年七月、宗政調査会に宗憲改正専門委員会が設置された。一九七七（昭和五二）年、宗憲改正委員会条例が公布され、一九七八（昭和五三）年六月に「宗憲改正委員会中間報告書」が提出された。この報告書では、委員会を三つの小委員会に分け、第一小委員会では、法主・管長について検討した結果、宗憲改正にあたっては「前文」を設けること、法主・管長を廃して門主にすることなどがまとめられた。第二小委員会では、門徒の宗政参加について、門徒議会の設立について、第三小委員会では、宗憲・本山寺法と大谷派規則・本願寺規則との関係について、宗本一体を名実共に具現するための法規改正の大綱がまとめられた。

そして一九七九（昭和四五）年四月に「宗憲改正委員会報告書」が提出され、ここで「宗憲改正案」が報告された。宗憲改正の三本柱として、「宗門存立の本義の闡明――同朋社会の実現――」「宗本一体――真宗本廟中心の宗門――」「同朋公議――門徒の宗政参加――」がうたわれ、前文に盛り込まれたのである。同年六月、宗制調査室と宗制審議会が設置され、一九八〇（昭和五五）年一月から、宗制審議会においてこの改正案と関連条例作成のための審議がなされた。この間に各地で宗憲改正案の説明会が開かれ、全宗門人に「意見書」の提出を求めたところ、個人、団体、宗門機関各所から多くの意見書が集まった。

私は、宗制審議会委員を委嘱されていたので、その意見書のすべては公開され、それにもとづく改正案への手直し作業が当然なされるものと思っていたが、第一回宗制審議会では経過報告と意見書の概要が口頭で報告されたのみで、早速諮問事項の審議に移された。手筈はすでに整っていた。真宗本廟崇敬・門主代行・薫理院・内事章範・議決機関についての条例案を作成するための小委員会がすぐに開かれた。

一九八〇（昭和五五）年の五月には、早くも「答申書」が提出され、十一月の「和解」後はいつでも宗憲改正のための宗議会が開かれる段取りになっていた。一九八一（昭和五六）年に入って、四月に開かれる審議会の案内をもらっていたが、突如中止となりその後五月十四日に、宗憲改正委員・宗制審議会委員・全門連合同会議が開催され、宗憲改正案の最終案並びに関連諸条例案の説明がなされた。そして五月二十三～二十五日の門徒評議員会に提出されて可決承認されて、本文の冒頭に書いたように六月五日の宗議会で可決されたのである。

2. 新宗憲の課題

一、宗憲「前文」の構造と思想

〈前文〉にあたるもの（「前文」という言葉はおかれていない）には、

「宗祖親鸞聖人は、顕浄土真実教行証文類を撰述して、真実の教たる仏説無量寿経により、阿弥陀如来の本願名号を行信する願生浄土の道が、人類平等の救いを全うする普遍の大道であることを開顕された。

宗祖聖人の滅後、遺弟あい図って大谷の祖廟を建立して聖人の影像を安置し、ここにあい集うて今現在説法したもう聖人［七九年改正案では「不滅の聖人」］に対面して聞法求道に励んだ。これが本願寺の濫觴であり、ここに集うた人びとがやがて聞法者の交わりを生み出していった。これがわが宗門の原形である。

したがって、この宗門は、本願寺を真宗本廟と敬仰する聞法者の歓喜と謝念とによって伝承護持されてきたのであり、宗祖聖人の血統を継ぐ本願寺歴代は、聖人の門弟の負託に応えて本廟留守の重任に当られた。中興蓮如上人もまた、自ら大谷本願寺御影堂留守職として、専ら御同朋御同行の交わりの中において立教開宗の本義を闡明して、真宗再興を成し遂げられたのである。

爾来、宗門は長い歴史を通して幾多の変遷を重ねるうちには、その本義が見失われる危機を経てきたが、わが宗門の至純なる伝統は、教法の象徴たる宗祖聖人の真影を帰依処として教法を聞信し、教法に生きる同朋の力によって保持されてきたのである。

このような永遠普遍の教法と宗門固有の伝統に立ち、宗門運営の根幹として次のことを確認する。

第一に、すべて宗門に属する者は、常に自信教人信の誠を尽くし、同朋社会の顕現に努める。
第二に、宗祖聖人の真影を安置［七九年改正案では「奉安」］する真宗本廟は、宗門に属するすべての人の帰依処であるから、宗門人はひとしく宗門と一体としてこれを崇敬護持する。
第三に、この宗門の運営は、何人の専横専断をも許さず、あまねく同朋の公議公論に基づいて行う。
わが宗門は、この基本精神に立脚し、かつ同朋の総意に基づくこの宗憲に則り、立教開宗の精神と宗門存立の本義を現代に顕現し、宗門が荷負する大いなる使命を果すことを誓う。」

（以上宗憲「前文」の全文。［　］内は筆者の補注）

この「前文」は、（1）立教開宗の意義と宗門形成の歴史、（2）宗門運営の根幹としての宗門人の使命確認、（3）真宗本廟を中心とする宗門一体の原理・運営の三原則によって構成されている。一読してみると気づかれると思うが、実に抽象的かつ装飾的な文である。そしてそこには、実にさまざまな問題がある。

まず、宗憲そのものに、このような「前文」が必要か否かということだ。そして「前文」をおくにしても、そこに教団の歴史をながながと記す必要があるのだろうか。かりに教団史が書かれるべきであるにしても、法規の上に表現される教団史が、このように教団の歴史的変遷を丸ごと肯定し、その正負の面、功罪の面を美辞麗句で包摂するような歴史認識でのみ、とらえられていてよいのだろうか。

この「前文」に一貫する思想は、親鸞を宗祖聖人すなわち開祖・教祖として絶対化し、その教えを歴史社会の現実におけるさまざまな限定を超越した、普遍的原理としてかかえこみ、本願寺教団の歴史を聖域史として、現代に残存護持させせようとするものである。そこには自らを「非僧非俗」と自己規定し、「愚禿」と名のり、「具縛の凡愚」といいい、「いし・かわら・つぶてのごとくなるわれら」と自らを社会的に位置づけた親鸞の、宗教的自覚と思想的発言の息づかいは、まったく感じられない。そして、親鸞が自らの信心への自己批判と十三世紀の社会的現実における宗教・思想への思想的批判を展開していく中で、専修念仏の道を見出し、平等覚の世界をめざし続ける如来の本願を明らかにしてきた作業に生きたからこそ、民衆の共感をえたのだということはすっぽりと抜け落ちている。中世的宗教信仰の時代に、新仏教運動として「専修念仏」に生きた親鸞を、その歴史的現実から切り離して、どのような時代・社会・集団にも通用する普遍的原理を確立した教祖としてまつり上げてしまうのが、この「前文」の第一段なのである。

それはまた、大谷派教団の伝統的権威を、この人、宗祖聖人あらばこそという方法で、現代風に焼き直し、その威厳を保とうとする発想である。世界人類に神の愛を説いたローマ法王でもあるまいに、親鸞がこのような調子で「阿弥陀如来の本願名号を行信する願生浄土の道が、人類平等の救いを全うする普遍の大道である」と説教したというのは、よほどの思い入れによる聖教の読みこみでしかない。「前文」の書き出しを、「宗祖親鸞聖人は」とする発想自体が、どだい間違っている。主語は「真宗門徒」にすべきである。無名無数の真宗門徒たちが、親鸞聖人の教えに生きてきた歴史的事実があった。それは親鸞聖人が、私たち人間の「信」は、弥陀の本願力によって成就された浄土を根拠とすることによって支えられていると、明らかにしてくださったからだとでもいうべきところであろう。しかし、そういう類いの説明も、ほんらい「前文」には不要である。なぜならば、宗憲第八条（教義）のところで明記しておけば、済むことであるからだ。それを仰々しく、「前文」の冒頭に掲げているところに、この宗憲の思想性が露呈しているといってよい。

その仰々しさをさらにふりまいているのが、次の段にある宗門形成の歴史についての記述である。ここでも「今現在説法したもう聖人」などと、まるで親鸞が阿弥陀如来であるかのように記されている。（「今現在説法」というのは『阿弥陀経』に出てくる語句で、阿弥陀仏が極楽浄土で今現在説法していると釈尊が説いている）。これではまるで、日蓮正宗創価学会の日蓮本仏論のごとくではないか。ここでわざわざ「本願寺の濫觴《らんしょう》」などという難しい字句を付していることにもひっかかる。そして、そういうことをひっくるめて、「この宗門は、本願寺を真宗本廟と敬仰する聞法者の歓喜と謝念とによって伝承護持されてきた」というのは、歴史を意図的に改ざんしたかなり乱暴な表現である。

本願寺のもとになったのは、確かに大谷廟堂である。親鸞の没後十年目でようやく建立された、寺号もない一宇の廟堂を実現させた立役者は、親鸞の末娘覚信尼であり、彼女が門弟たちの協力で廟堂をつくり、その土地の所有者であった自分の夫から大谷の地を譲り受け、この土地を門弟に寄進して門徒の共有とする代りに、この廟堂（御影堂）の留守職《るすしき》（廟堂の維持管理を門徒に代って代行する留守番役）には必ず自分の子孫をということを依頼したのである。そして門弟達の承認を得て、覚信尼の息子覚恵がこれを継ぐや、やがて血縁者の間に、その留守職の相続をめぐって奪い合いが演じられることになったのである。覚恵の息子である覚如は、そのゴタゴタのさなかに、三代目留守職になるのであるが、門弟たちは留守職継承にあたって非常に厳しい内容の契約書を提出することを要求した。しかし留守職を継ぐや、覚如は、廟堂をたんなる親鸞の墓所ではなく、一宗の本寺として確立しようとして、「三代伝持」ということを考える。これは親鸞の母系の血脈にあたる自分が、その権威の上に父系の法脈を重ね合わせて自らを「本願寺三代目」（覚如『改邪鈔』奥書、聖典六九六頁）と称することで、その正当性を主張しようというものである。その後、大谷廟堂に本願寺の寺号が使われるようになっていくのである。こうして本願寺の血脈相承の伝統は発生したのであり、これが大谷本廟創立の歴史である。

そこには親鸞の子孫たちが、門弟の力で建てられた廟堂の運営権をめぐって骨肉の争いをする、血のよどみがドロドロと流れている。ところがこの「前文」に書かれた形成史では、そこら辺がみごとにアク抜きされてしまい、「宗祖聖人の血統を継ぐ本願寺歴代は、聖人の門弟の負託に応えて本廟留守の重任に当られた」と、むしろ血統・世襲を当然の事のように奇麗事づくめの文章でまとめている。これでは皇祖皇宗の万世一系を国体としてうたいあげた、明治の帝国憲法における天皇神聖不可侵視と同じことではないか。

蓮如に関する記述も、「真宗再興」ということが強調されて、「御同朋御同行の交わり」が一向一揆を生み出したエネルギーとパワーになったことには一言もふれていない。

さらに問題なのは、蓮如以後の今日に至るまでの歴史である。「爾来、宗門は長い歴史を通して幾多の変遷を重ねるうちには、その本義が見失われる危機を経てきたが、わが宗門の至純なる伝統は、教法の象徴たる宗祖聖人の真影を帰依処として教法を聞信し、教法に生きる同朋の力によって保持されてきたのである」。

ここには、東西分派史が省かれているし、門跡寺院化した本願寺が江戸幕藩権力体制を強力に補完する権威集団として民衆に君臨し、教学を歪曲化し、よき領民をつくる五倫五常の思想に迎合した説教によって、民衆の教化（という名の思想善導）をはかることで真宗門徒の信心を変質させてきた歴史も書かれていない。そして、その書かれていない部分にこそ、実は教団が体制内で部落差別を温存し助長する積極的な役割りをにない、自ら差別的体質を培養する差別教団へと顚落していった重苦しい現実があるのである。

それはまた、明治以後も天皇中心の国粋主義民族排外主義に追随した教団が、国民精神、国民教化の名において靖国信仰をまきちらしてきたことや、翼賛教学によって「聖戦」完遂を唱導してきた戦争責任の問題を、宗門においては永遠の彼方へ棚上げしてしまうことである。そしてひたすらに「至純なる伝統」だけが「保持」されるという仕組みになっていく。

ことここまでくれば、そのあとに続く、「このような永遠普遍の教法と宗門固有の伝統に立ち、宗門運営の根幹として次のことを確認する」という「三原則」も、白々しくなってしまう。「同朋社会の顕現」とはどのような社会を意味するのか。「真宗本廟は、宗門に属するすべての人の帰依処」というが、仏教徒にとって帰依処とは「仏・法・僧」の三宝に帰依する以外に別にありとするのか。「同朋の公議公論」といいながら、僧・俗の議会を峻別しているではないか。いやそもそもこの「公議公論」というのがくせ者だ。

要するにこの「前文」は、親鸞の教えに生きようとする人間をさしおいて、本願寺という建物を「真宗本廟」という聖域《メッカ》として護持温存しようとする唯物思想《タダモノ》（唯物思想《ユイブツ》ではない）を、アメリカナイズされた民主主義の発想をもって観念化したものであるといえよう。

この「前文」の作成にあたった宗憲改正委員会第一小委員会の主査宮部幸麿氏は、宗憲は宗門の最高規範であるが「聖典」ではなく、つねに歴史的社会的限定をうけて成立するといい、それは「教団の理念と足下の現実の交錯するところに成り立っている。つまり聖と俗とを併有する法制である。」（傍点は戸次）という（『南御堂』二二八号七月号）。ここにもこの「前文」の思想性がのぞいている。これに対しては、田川建三氏の文を引用しておけば十分事足りるであろう。

「親鸞における『非僧非俗』をどう理解するにせよ、敢えて親鸞に近代宗教学のイデオロギーである『聖』『俗』の区別を押しつけようとするのならば（それを押しつけること自体間違っているが）、その『聖』『俗』の区別は親鸞が相手どっていた『僧』『俗』の区別とは違う水準の事柄であるにせよ、やはり『非僧非俗』と言い切った親鸞ならば、『聖』でもなく『俗』でもない、と言うだろう、と想像するのが正しかろう。親鸞を『聖なる集団の固有の原理』を確立しようとした教祖にしてしまってはいささかかわいそうだ。」（『指』一九八一年三月号「親鸞の虚像と実像」より）。

このように「聖と俗とを併有する法制」といわれる宗憲は、どこでその「聖」と「俗」を分かちながら、教団人を管理・規制しようとするのだろうか。以下、新宗憲における特徴的な条文をあげておこう。

二、新宗憲における特徴的な条文

（1）宗憲条文

第一条　この宗門は、真宗大谷派（以下「本派」という。）と称する。

第二条　本派は、宗祖親鸞聖人の立教関係の精神に則り、教法を宣布し、儀式を執行し、その他教化に必要な事業を行い、もって同朋社会を実現することを目的とする。

第三条　本派は、真宗本廟を中心として、僧侶、門徒、寺院、教会、その他の所属団体を統合する宗門である。

第六条　この宗憲において「宗務」とは、本派が第二条の目的を達成するために行うすべての業務、事業及び事務をいう。

第十三条　真宗本廟は、宗祖聖人の真影を安置する御影堂及び阿弥陀堂を中心とする聖域であって、本願寺とも称し、本派の崇敬の中心、教法宣布の根本道場である。

2　真宗本廟は、すべての寺院及び教会の本山とし、本派に属するすべての個人及び団体は、これを崇敬護持しなければならない。

第十五条　門首（七九年改正案では「門主」）は、本派の僧侶及び門徒を代表して、真宗本廟の宗祖聖人真影の給仕並びに仏祖の崇敬に任ずる。

2　門首は、僧侶及び門徒の首位にあって、同朋とともに真宗の教法を聞信する。

第十六条　門首の地位の継承は、宗会の議決した内事章範の定めるところによる。

門首の宗務に関する行為は、第十七条に十項目にわたってあげられている。さらに第十八条には、門首の宗務行為には、内局の進達が必要であり、門首はこれを拒んだり、干渉することはできないし、進達によらない行為は無効であり、行為をしなかったならば、内局が臨時に代行すると定めている。これならいっそのこと門首制など無くしてしまえばよいはずなのだが、門首という存在を憲法の象徴天皇と同様に位置けておくことで、「前文」にうたわれた「聖」なる領域を崇敬護持する門徒と聖職者——僧侶の権威を守ろうとするのがこれら条文のねらいであろう。もっともここら辺のとらえ方が、反内局の大谷家側の人々によると、門首をがんじらめにしておいて、師主・能化《のうけ》（何ものにも先立つ教　化《きょうけ》の主体者）としての権限を奪い取り、内局にすべての権力を集中していくことで本山本願寺の歴史と伝統を歪曲した革命的暴挙である、という被害妄想になってしまう。

第二十三条　宗会は、宗議会と参議会の両議会で構成し、宗議会は僧侶たる議員で、参議会は門徒たる議員で、それぞれ組織する。

第三十三条　2　条例案は、両議会で可決したとき条例となる。ただし、宗議会で可決し、参議会で否決するか又は宗議会の可決と異った議決をした場合には、条例に定める両会協議会の議に付するものとし、その意見が宗議会の可決と一致したときは、参議会もこれを可決したものとみなし、その意見がこれと一致しないときは、更に宗議会の議に付し、その議決を両議会の議決とみなす。

第四十四条　宗務執行の権限は、内局に属する。

第四十六条　宗務総長は、宗教法人たる本派の代表役員となる。

第五十五条　宗義に関する重要事項を審議し、及び宗務総長の申報により宗義に関する言説についての正否を判ずるため、董理院《とうりいん》を置く。

第六十八条　審問院は、本派の秩序を保持し、本派の規定による異議の申立及び係争又は紛争に関する事項並びに僧侶の懲戒に関する事項について監察、提訴及び審決を行う。

2　審問院に審問室及び監察室を置く。

3　審問院（宗門における裁判所）は、僧侶の非違行為及び本派の規定による異議の申立の審問を司る。

4　監察室（宗門における検察庁）は、僧侶の非違行為の容疑の監察、調査及び提訴並びに本派の秩序維持及び風紀の取締に関する事項を司る。

（（　）は筆者の補注）

宗憲改正と共に今後の宗門運営上で大きな役割りを果すことになる関係条例が新制されている。「真宗本廟条例」と「内事章範」と門首の代行に関する条例と「董理院《とうり》条例」と「宗会条例」である。

（2）真宗本廟崇敬条例（改正時は「真宗本廟条例」）

第一条～第二条では、真宗本廟を「聖域」とし、本山、本願寺であり、崇敬の中心、根本道場とする。そして、聞法のつとめまで規定しているのが第八条である。

第七条　真宗本廟においては、常に恭敬の念に基づき、その尊厳が保持されなければならない。

第八条　真宗本廟は、教法の象徴たる宗祖聖人の真影を帰依処として、聖人開顕の教法を聞信する道場であるから、すべて本派に属する者は、ここにあい集うてこれを崇敬護持するとともに、真宗本廟に奉仕し、聞法研修するようつとめなければならない。

（3）内事章範

第一条　門首は、世襲により、宗祖の血統に属する嫡出の男系の男子が次の順序により継承する。

一、門首の長子。

二、門首の長子の長子。

三、門首の長子の子孫。

四、門首の次子及びその子孫。

五、前各号以外の門首の子孫。

2　前項各号に該当する者がないときは、門首は、最近親の血統の男子がこれを継承する。

3　門首が死亡又は退任したときは、門首後継者がその地位を継承し、門首継承式を行う。

三、新たな本願寺教団と管理体制

こうして見てくると、新宗憲は大谷家側がとりたてて革命的とさわぐほどのこともない、世俗社会に通用する常識的なものである。常識的なものであるだけに「教団の正常化」というかけ声のもとに大方の教団人がこれを「聖・俗を併有する法制」としてスンナリ受け入れてしまう秩序意識がこわいのである。

「門徒」よりも「門首」の条文が先立っている宗憲。

僧侶と門徒の区別をハッキリ打ち出しているにもかかわらず、「同朋」とか「同朋社会」などという理念をもって教団人を紛装する宗憲。

同朋会運動の内実をもった門徒の組織化を着実におしすすめることをぬきにして、形式的に門徒の宗政参加を上から押しつける宗憲。

そして何よりも、宗憲改正作業そのものが、教団内の大衆討議によってなされたものではなく、教団管理者を中心とした「上からの」改正にすぎなかったこと。「公聴会」もただ改正支持というムードに流されており、当局からの説明が一方的になされるだけで、その内容と意義についての討議がかわされていない「説明会」でしかなかったこと。

こうした宗憲をもって「教団問題」を処理するならば、そこには「新たな本願寺教団」しか生まれてはこない。そして、新たな本願寺教団は、同朋会運動として展開してきた信仰運動・教学運動の内実を阻害する「管理体制」となって、大谷派教団人におおいかぶさってくるのである。

それはまた、教団の体制化・保守化に拍車をかけることになる。大谷家の存在の宗教的意味を問うことを放擲したままこれを「門首」として容認する形におさまった新宗憲は、形はいかように近代化・民主化の装いをこらしても、封建教団の質から一歩も出るものではない。

はじめに指摘した「教団問題」の五つのピークの特徴で明らかなように、大谷家とその背後に動く宗教界への策謀は、改革派の同朋会運動への破壊工作としてあった。その目的は、さまざまな事件への対応に追い回された改革派が、運動の内側から管理主義を生み出し、教団宗務官僚の政治主義が先行するようになったことで半ば達成されつつある。聞くところによると、今年度（一九八一年）から同朋会運動のテーマは新宗憲の「前文」の精神を徹底させることにあるという。それは大げさにいわしてもらうならば、大谷派の宗務機構が天皇制国家の支配構造の一角をにない、その国家の恣意に従って教団の方針なり施策なりを提出しているということである。

このような新宗憲による教団体制内にあって、私たちは、具体的な教団現実への批判と否定をすることにおいて、現代国家の構造にくみ込まれた教団の全体を相対化しつつ、新たな仏教運動としての仏教批判の思想運動をすすめていかなければなるまい。それは教学の自己批判・再検討であり、たえず教団の存在根拠を問い続けることを自分自身の問題として考えていくことである。それはややセンチメンタルにいえば、同朋会運動によって育てられてきた私たちが、今や「名のみ」の信仰・教学・教団革新の運動になってしまった同朋会運動の「いのち」そのものに対するひたすらな恩返しをすることである。

教団現実の批判は、親鸞が生涯を通して構築しつづけてなお未完の歴史的所産として後世の私たちに遺してくれた「顕浄土真実教行証」という思想の全体構造への洞察を通して、大谷派教団とその教学の歴史的変遷を批判的に総括する作業である。同時に、そのことは日本の文化総体に対して、仏教・宗教が果してきた役割を、正負の両面をふくめて、全面的に総括していくような思想的営為につながっていく。以上のような課題を主題化することによって、教学することそのことが、個人的安心《あんじん》・救済の問題意識にとどまらず、歴史社会への接近を積極的に試みていくことにならなくてはなるまい。そこに現実変革の主体性獲得の仏教運動を興していこうとする私たち真宗者、すなわち大谷派教団人としての仏教者の責任と使命があると考えるのである。

それにしても、新宗憲による新たな本願寺教団の現実は、あまりにも厳しいものがある。これを荷負しうるかどうかは、自らにおいて問題を自覚した「ひとり」が、自らの生活現場から批判作業にとりくむ、「まさにひとりから始まる運動」として創始していくほかはないのである。

教団論の展開――「門首」制の根本問題

一、門首継承式に向けて

大谷暢顕氏が「第二十五代真宗大谷派門首」に就任したことに伴う「門首継承式」が、一九九六年十一月に行われます。

一九九六年一月に、門首だった大谷業成氏とその父大谷暢順氏が宗派を離脱するという事態以来、その後継者を選定する手続きがなされてきました。

もとより大谷派の「宗憲」においては、第十五条に、

門首は、本派の僧侶及び門徒を代表して、真宗本廟の宗祖親鸞聖人の給仕並びに仏祖の崇敬に任ずる。

2、門首は、僧侶及び門徒の首位にあって、同朋とともに真宗の教法を聞信する。

とあります。そのことは教団人として遵守すべき事として尊重していきたいと思います。

ただしかし、このような門首の地位が定まるまでの歴史的経緯や、近くはここ三十年来の教団状況や、「宗憲」の「前文」にある、「同朋」「同朋公議」「同朋社会」という言葉に照らしてみるとき、いわゆる「象徴としての門首制」にはなお、改変されるべき問題があるのではないか。教団として、さらに克服すべき課題があるのではないかと思うのです。

私はこの機会に、今こそ、大谷派教団にとって「門首」制とは何なのかを、教団に関わる一人ひとりの根本問題として熟考し、論議を交わすことが必要だと思います。

二、「門首」制の前史

本願寺教団は、親鸞聖人滅後七百年の間に、その時代社会の体制に即応させて生き延びてきました。封建社会から近代国家、そして戦後民主主義とともに。

その教団体制は、本来の同朋教団が、僧侶教団として変質してきたものだといえます。その僧侶も、たんなる職分ではなく、近世身分社会の形成と軌を一にする、社会的な身分として確立されてきました。

本願寺の留守職は別当となり、やがて宗門を統括する宗主（法主）となる。その宗主も、仕える全僧侶が、その家族もろとも現代にいたってなおことごとしく「寺族」と呼ばれているのです。つまりは、門徒大衆とは別個の身分を形成してきたのです。それを今なお支えているのが「世襲」制です。

そこには、「教える者」（能化）と「教えられる者」（所化）という、厳然たる区別が作られています。本願寺の住職は師であり、「末寺」は弟子。寺の住職は師であり、門徒は弟子であると。それは主従関係です。これが貴族化して、法主は「生き仏」のように尊いという、カリスマ性を帯びた血統信仰・貴人信仰になってしまったのです。

ちなみに、一八八六（明治一九）年発行の「宗制寺法」には、

本山本願寺ハ世世ノ住職伝灯相承シテ之ヲ専領ス

とあります。また一八八九（明治二二）年には、「大谷派家憲」というものが制定されていますが、ここには貴族的特権制度の原型が温存、固定化されていました。

このことが、親鸞聖人のねがった同朋教団としての専修念仏集団のあり方から、いかにかけ離れたものになっているか。そのことが少しも自分自身の問題にならないし、痛みも感じない姿こそが、私たちの教団体質でありました。

そのようなあり方への歎異の精神から、同朋教団への回帰を願って起こされたのが、同朋会運動の原動力であったと受け止めています。

いわゆる「開申」いらいの教団問題は、こうした教団体質にまでなった「法主」信仰と、それを内外から利用し濫用することを許してきた、我々自身の抱え持つ問題でもあります。

そして、教団問題の試練の中から正常化・本来化が叫ばれ、宗憲改正作業を経て、一九八一（昭和五六）年六月に、新たな「宗憲」が公布されました。

これによって、「大谷家」が三位一体として専領する、法主・管長・本願寺住職という三職を改廃して、象徴としての「門首制」が規定されました。宗門の代表権は、宗会（宗議会・参議会）が選出した宗務総長に移されました。すなわち「何人の専横専断も認めないという教団体制の確立」をはかったのです。

三、「門首」制の根本問題――「同朋」に照らしつつ、「世襲」制を問う

さて、問題は、新「宗憲」となり象徴「門首」になったからこれでいいのか。ようやく「宗憲」に則ったお方が

門首の地位に就かれたので、めでたしめでたしといえるのかということです。

むしろ私は、これからいよいよ「門首」制そのものを見直していくべき時機が始ったと思います。

その根本問題は、何といっても「門首」を誰がどう選ぶか、まさしく同朋同行による選定になっているかということです。さらには「門首」という地位が必要なのかどうかを、「同朋」という観点から照らしていくことです。

「宗憲」では、第十六条に、

門首の地位の継承は、宗会の議決した内事章範の定めるところによる。

とあります。

その「内事章範」には、「門首の継承」を次のように規定してあります。

第一条　門首は、世襲により宗祖の血統に属する摘出の男系の男子が次の順序により継承する。（以下省略）

これは大谷家の人々をさします。

さらに大谷家の人々は、第十条で、「僧籍は寺院、教会に置かない」で「内事僧籍簿に登載する」とあります。

これは大谷家における「世襲」制の規定です。これによって「門首」やその後継者が選定されていくのです。

そうすると、今回の大谷暢顕氏は、この規定によって指名されたなら受諾するしかなかったといえます。もし、いやなら、宗派離脱＝除籍以外に道はなかっただろうと思われます。

一人の人間を本人の意志よりも「内事章範」というものでしばり、象徴的存在としての「門首」に就任せざるをえないようにしているのです。これが「同朋とともに」ということの内実たりうるのでしょうか。

「世襲」制を無批判的に肯定していることが、はたして真に「同朋公議」といえるのでしょうか。どこかで何か大きな錯覚をしたままになっていると、思わずにはいられません。

「門首」選定のルールを、このような「世襲」制を温存することで固定化するならば、「宗憲」の理念もいずれは人間を囲い込む思想、教団という組織機構を護持するためだけのものに、なっていくのではないかと危惧します。

四、天皇制との関わり

ところで、この「宗憲」「内事章範」の門首規定は、天皇制そのものであるともいえます。

「日本国憲法」には

第二条　皇位は、世襲のものであって、国会の議決した皇室典範の定めるところにより、これを継承する。

「皇室典範」には、

第一条　皇位は、皇統に属する男系の男子が、これを継承する。

とあります。

また籍も、天皇家は「皇室典範」第二六条で、

天皇及び皇族の身分に関する事項は、これを皇統譜に登録する

と規定され、「戸籍」に登録されません。

つまり「内事章範」は、「皇室典範」とみごとに重なり合っているのです。

これは日本国憲法第十四条に、

すべて国民は、法の下に平等であって、人種、信条、性別、社会的身分又は門地により、政治的、経済的又は社会的関係において、差別されない。

と矛盾するという問題をはらんでいます。

同様に、教団における「門首」の「世襲」制も、「宗憲」における「同朋」「同朋公議」「同朋社会」と矛盾するという問題としてあります。

このことの問題性は、既にかなり以前から指摘され提起されてはきたものの、宗会での十分な議論にまではなっていません。

（宗議会では、松見宣成氏や堀部知守氏らをはじめとする議員有志が「同朋」という主題から「門首制」「大谷家」のあり方について問題提起を行ってきました。）

一方で、部落差別解放という視点から、「寺格」「堂班」の制度が改廃されました。

また、靖国問題への批判的取り組みから、大谷派は「靖国神社国家護持」や「靖国公式参拝」に対しては、真宗者としての宗教的主体をになって、一貫して異議を唱え反対を訴え続けています。

そして、戦後五〇年の、一九九五（平成七）年には、宗会において、「不戦決議」を全会一致で採択しました。

さらに一九九六（平成八）年の宗会では、そのことへの具体的取組として、「宗門近代史の検証」に着手していくことを、教団人の共通課題、宗務の重要課題としていくことが、能邨英士宗務総長の演説で述べられました。

またその中では

「宗門諸制度についても、あらゆる面において厳密な自己点検をいたし、時代の課題を担い得る刷新改革を進めていくことが、目下の宗務の重要課題と思料する」

と述べています。

とくに「同朋」ということの内実を、朝野温知氏の言葉である、

「われわれの目指す『同朋』とは世界中のすべての人間であって、島国に閉鎖されて生きている皇国臣民的な感覚でしか親鸞教学が認識されていない人びとにおいてのみいうのではない」（同朋教団建設を訴える）を引用して「この『同朋』ということの今日的意味を明らかにすることが特に待たれる」（『宗教に差別のない世界を求めて――朝野温知遺稿集　上・下』、東本願寺）と述べていることはまことに注目に値します。

これらを要約するならば、「宗門近代史の検証」と「宗門の制度を自己点検し、刷新改革を進める」ことと、「同朋の今日的意味を明らかにする」ことを我々教団人の共通課題としていくことです。

そのようなことからいえば、まさに今、大谷派それ自体が抱え持つ差別構造の解体に勇気をもって取り組んでいくべき時期でしょう。その根本問題こそ、「門首」制とそれを支える「世襲」制なのです。

そして「世襲」制の本質は血統主義であり、特権としての天皇制や、部落差別、女性差別を生み出す根本であり、土壌であり、温床なのです。

五、「世襲」制からの解放と「同朋」への回帰

一九九六（平成八）年にまとめられた「宗務審議会・女性の宗門活動に関する委員会答申」（一九九六年五月号「真宗」に公表された）では、このことに一歩ふみこんでいます。

内事章範についても女性差別という視点を当てたときそのままにしておくことはできない。女子も得度を受けられ、門首、連枝は性別によって制限を受けない。自己の意志に基づき、その身分を離れられるようにする。また門首、連枝の配偶者については現在法制上地位をもたない。よって希望により得度を受けること、法制上

の地位を得ることができるように改正されることを望む。さらに「門首の世襲制」を残すことについては、大谷派が一般寺院教会との間で包括関係にあり、「寺院教会条例」の改正の答申とは一貫性を欠いている問題が残る。

（答申より）

まことに的確な指摘です。

これらの提起を受けて、男性の僧侶中心になり、同朋としての女性、門徒、青少幼年を不在にしているのではないかという自己批判に立って、「門首」制を問い直していくべきではないでしょうか。

「宗憲に基づいて精一杯努力していきたい」という大谷門首と、「非常に求道的なものを感じさせられました」と讃える能邨宗務総長との談話が、「同朋新聞」（一九九六年一〇月号）に掲載されています。そこからは大谷門首の率直で、誠実な姿を感じずにはいられません。

そして、だからこそ、大谷暢顕門首とおつれあいの大谷妙子さんを、これまでのように「大谷家」の人として特別視するのではなく、「世襲」制の束縛を解いて、人間として、同朋として出会い直し、出会い続けていきたいという憶いが湧いてきます。

それは同時にまた、私たちが所属する寺院教会における「世襲」制の解体と、血統主義の差別体質を維持する「寺族」という名称、規定によって保持してきた既得権を棄てるということです。

ここから初めて、「同朋」の名にふさわしい教団の再生、同朋という人間関係、社会関係への通路が拓かれていくのです。寺の中にいた僧侶と「寺族」が人間となり、真宗門徒としての自覚を深めることによって、「同朋」として生まれ変わり育てられていくのです。

六、「門首」は必要か

次に「門首」という地位、名称、仕事の必要性、選定方法という問題があります。

「門首」という名称で、何をあらわすのかということです。先に引用した「宗憲」の規定では、「本派の僧侶及び門徒を代表して」とあり、また「僧侶及び門徒の首位にあって」とあります。

これは大谷派教団、宗門の代表者ということです。ですから、ある意味では政治政党の「党首」「代表」と同じようなものと、いえなくもありません。ですからそれは必ずしも、「門首」という名称でなくてもかまわないはずです。

そして「僧侶及び門徒を代表」するものだとしたら、なおさら、その地位は「世襲」ではなく、まさしく同朋の公議公論の中から推挙、もしくは選出されてしかるべきものではないでしょうか。

次に「門首」を、教団の仕事を代表するものという観点から考えてみます。

およそ教団とその仕事としての宗教的活動を代表するものがあるとすれば、教学・教化面における代表的役割と、宗務行政面における代表的役割ということになります。

教学・教化面における代表的役割とは、真宗大谷派という名のりにおける宗教的精神に生き、教学・教化に関する研鑽、研修、布教伝道の実践という宗教的活動を推進する主体者を代表するという意味です。いうなれば、教学研究所の所長のような存在です。

それは教団の思想性と社会的現状に責任を持ち、ときには教団そのものをも問い返していくような批判的精神によって、法執と宗派エゴを破っていくという仕事だと思います。

当然のことながら、儀式執行は、教学と教化に関わる主要な宗教的活動です。もともと、儀式と教学・教化ということは、不離一体の営みでした。

宗祖親鸞が「正信偈」「和讃」を著述し、蓮如上人が『御文』を著わし「正信偈」「念仏」「和讃」を開版したのも、信心の宗教的表現としての讃歌・朗読・全員参加の儀式ということに重きをおいていたからでありましょう。

それが東西分派以降、教学・教化と儀式とがいちじるしく分化し専門化するとともに、宗門の威容に奉仕し、法主の権威とその師命に拝跪する儀式体系へと変容していったのではないかと窺えます。

儀式指導研究所が発足したいま、そのこともあらためて基本的な問題として掘り起こされ、時代社会に相応した儀式論が提起され、確立されていかねばなりません。

宗務行政面における代表的役割とは、いうまでもなく宗務総長の役職です。

そして、教学・教化面と宗務行政面という両面が乖離しないようにするために、立法府すなわち公議公論の場としての宗会（宗門の議会＝宗議会・参議会）と議長があるのです。

また、「同朋」から議会制を照らすとき、これまでの「門徒の宗政参加」をさらに徹底して、「門徒の宗政主体」へと変革していくことが求められてきます。

さらには、現代社会の課題に取り組むことを主題にして、教学・教化のすみずみにまで分け入って自由に意見表明をし、論議を深めていくことのできる「会議」の場が、新たに必要になってくるでしょう。

すべての教団人が、真宗門徒として、資格のいかんに関わらず平等に参加していけるような会議の場です。そこから「同朋」ということの意味を訪ねていく意欲が発起し、宗政に左右されずに一貫性をもって持続していく「同朋事業」が推進されていくことでしょう。このような場としての、「会議」を代表する者ということも、合わせて考えられるのではないでしょうか。

いずれにしても、すでに「門首」という名称、位置づけでは収まりきらない現実があります。

また「門首」代行の時代や、「門首」の宗派離脱・不在の事態においても、教団の運営に大きく支障をきたすことはありませんでした。

「門首」という名や地位によって代表されてきた大谷派教団、宗門というもののはたしてきた歴史的役割から総括的に見れば、現在そしてこれから、「門首」制をどうするのかは、教団人一人ひとりの課題として煮詰めていかなくてはならないと考えます。

かつて教団の革新を、「教学」の根本問題として訴えた清沢満之師に『師命論』の著作（『教界時言』第四号、一九〇〇（明治三三）年一月）があります。そこには清沢満之師といえども「法主」制を無批判的に認め、伝統主義の立場を破れずにいる清沢師の思想性が明瞭にあらわれています。（この後に清沢師は「句仏上人」こと大谷光演法主の侍講として教育の任につきました）。

私たちの願う、真宗の僧伽建立・教団改革は、清沢満之師の『師命論』の水準を超えて、まさしく「法主」「門首」制からの解放をもって自己を問い、社会の変革をめざすことを、信心の課題とするものでなくてはならないでしょう。

「門首」制とは何かというテーマを軸にして、これまでの教団の歴史において見失ってきたこと、売り渡してきたこと、奪われてきたこと、侵してきたこと、棚上げにしてきたことを、これから洗いざらい検討していくこと。

それが「宗門近代史の検証」や「同朋」という概念の見直し、さらには「同朋社会の顕現」ということへの具体的な一歩一歩になっていくにちがいないと確信しています。

第四部　親鸞に尋ねる現代の課題

したたかに、深く撃て——叛「靖国」の情念を思想に

一、「政治的発言」とは

今から五年前（一九七九年三月）、私が住職をしている寺の寺報に、元号法案への批判、反対の文を書いたときのことだった。もちろん有事立法の問題、靖国の問題にもふれている。総代のA氏が苦り切った表情で寺へねじこんできたのである。「檀家にはいろんな考えの人がおますから、住職がこういう社会問題に個人的な主張をするのは避けるべきやと思うんですわ」。

それまでにも寺報では、「靖国」問題を何度か論じてはきた。そのつど、遺族の家の老婦人たちから「お国のために戦死した人を国がまつるのが何であきませんのや？　あんなこと書かんといておくなはれ！」と涙ながらに迫られた。「坊主は政治に口出しせず、黙って檀家を大事に先祖供養するのが仕事や！」といわれたりもした。一方で「いいにくいことを、よういうとくなはった」とか、「靖国神社や天皇制を批判してるからゆうて、右翼があんたを襲ってきたらわしらが身体をはって守ってみせる」とまでいってくれる人もいた。

今度も反応は早かった。配布するや一読した寺の世話人で、地元の軍恩連事務局でもあるB氏が口コミで流した。曰く「前から腹立っとったが、こんな住職にはもうついてゆけん。もう寺の役もおりる。檀家も退《の》く！」と激怒した。せまい町のこと、二、三日のうちに門徒に広がり、総代・世話人らが集まって相談した。「寺報を全紙回収し

て謝罪文を書かせろ」という意見もあったとか。そこで住職に対して、このような政治的発言は二度としないよう申し入れることになり、総代A氏が寺を訪れたというわけである。

私は、住職が社会問題に口をはさむべきではないということが、カチンときたのでかなり議論をした。いったい私たちの生活で、これは社会問題、これは政治の領域、経済の分野、ここから先が文化や宗教の問題だなどと、どこで区別できるのか。それらと無関係に生活があるわけではないでしょう。便宜上区分することはあるにせよ、実際には線引きできるようなことではない。あえて区別せよというなら、その判断基準をどこにおき、誰が決めるというのか。仮に政治・経済・社会の問題に無関係なところで、純粋培養されるような宗教とか信仰があるとしたら、それはもはや人間が生きることにとって要のないものでしょう。ましてや浄土真宗は、「在家止住の男女たらん輩《ともがら》」の生活に伝承されてきた教え。私たちが現代に生きていること自体、さまざまな社会的現実の問題を、自己として生きている。その私が現代人として現実にむけて発言し、現実との関りにおいて仏教を聞く、真宗の教え、親鸞聖人の思想に生きる力を学ぶということが、私の信念なのですと。

その翌朝、A氏と再会した。原稿用紙を見せてくれた。私の書いた記事への反論を一晩がかりで書いたという。書くことで私のいいたいことにうなずけた部分と、どうしても反発を感じる点とがハッキリしたという。総代として、檀家が住職支持と反対の両派に分裂するのではないかと案じたのだが、B氏のいい分にも疑問を抱いたそうだ。住職の考えを皆に伝え、今後寺報の内容には一切文句をつけないといってくれた。うれしかった。かくも真剣に総代と対話ができたのは、住職九年目にしてやっとであったからだ。ちょうど東本願寺宗派離脱という教団問題のさなかであり、離脱反対署名の話し合いをしていた直後でもあったが、「靖国」問題が縁になって、話を一歩つっこんだところでできたのである。

とはいえ、問題は一件落着したわけでない。いよいよここから始まったのである。以来、一九八四（昭和五九）年現在、問題の本質は何ら変わっていない。私の寺で起こった「靖国」問題は、本願寺教団がかかえる問題そのものといってもよいだろう。

二、真宗教団の「靖国」のとらえ方

本願寺教団は、一九六九（昭和四四）年三月に、「靖国神社法案」が国会に提出されたとき、東本願寺・西本願寺の宗務総長名で法案に対して廃案の要請を行い、他の真宗八派（真宗には十派ある）も協調して統一行動をとることを確認した。一九七一（昭和四六）年には、真宗十派の総長名で法案の撤回と修正を申し入れ、一九七四（昭和四九）年四月、衆院で強行採決されるや、すぐ十派総長名で遺憾の意を表明し、廃案にするよう強く要請してきた。また、この事態に直面して、同年七月には真宗教団連合として「靖国」問題に組織的に対応するため「靖国問題対策委員会」を発足させ、小冊子の刊行などで寺院住職の理解と自覚をうながしてきた。そして一九八一（昭和五六）年八月には、靖国神社への公式参拝と国家護持に対する反対の要請文を政府・与党および各政党に渡し陳情を行った。この時点で、「靖国」問題に関する十派の動きから、高田派が脱退していった。

教団の「靖国」問題のとらえ方は、

……良心や信教の自由、政教分離の原則の否定はもとより、戦争にいたった過去の過ちを再び犯し、閉鎖的で独善的な国家への道につらなり、日本人をして、全人類を兄弟とする普遍の大道から踏み外さしめる恐れをもつからであります。また、如来の大悲に生かされるわが身を信知して浄土の光を仰ぐ真宗教徒の立場からも、人間としての分限をわきまえた、真実の宗教的覚醒をくもらせ、かぎりない宗教的自覚内容の展開や進展の道をはばむ危険がきわめて大きい。（真宗教団連合発行「真宗にとって『靖国』問題とは」八二年三月発行）

というものである。

公式参拝並びに国家護持に関する要請文には、「戦没者」の追悼に関してこう述べられている。

……今日のわが国の繁栄は、過去の悲惨な戦争において、軍人及びその他多くの国民が国家のために命を捧げられた犠牲と代償によってもたらされ、また深い反省と懺悔の上に立つ国民の平和への努力によって築かれたものであります。かかる意味において、これ等の戦没者に対し深く哀悼の念と国民的弔意を表することにいささかも反対するものでありません。（中略）国家的弔意を表する施設をつくるのであるならば、全ての宗教がそれぞれの宗教の儀式に従って、自由に宗教的行為が行われることが前提であり、廟墓的な形態を取るべきであります。

昭和五十六年八月十三日　　　真宗教団連合真宗九派宗務総長名

このような、教団の反対声明に対して一九六九（昭和四四）年以来、今日まで浴びせられる門徒からの反論は次のようなものである。

「遺族の真情を理解していない」
「信教の自由を看板に他宗派（宗教法人靖国神社）を誹謗中傷するでない」
「靖国神社国家護持や公式参拝を問題にするのは政治的であり、宗教的でない」
「『慰霊』を否定するのなら先祖への供養も否すべて宗教・信仰は不用となる」

「国がまつるという当然のことにケチをつけること自体おかしい」

三、問題提起――自明のことなのか?

ここで私は、一つの問題提起をしてみたい。それは「国のために戦火に倒れた人を、国民が尊崇するのは当然である」といわれるが、はたしてそうだろうか? ということである。

「靖国」問題は、「信教の自由を保障し」、同時に「いかなる宗教団体も国から特権を受けてはならない」という政教分離の原則を守るという、憲法上の問題として取り組まれてきたのが、一般的な見方である。つまり、靖国神社を尊崇し参拝するのは、あくまで個人の心の問題なのであって、そこに政府関係者が公式参拝したり、国家の手で護持するということが、憲法違反なのだからいけないという論議の立て方である。しかし、そこには何か、大きな落とし穴があるように思えてならない。

これを個人の心の領域の問題としてとらえるさいには、そこに「国のために倒れた人を国民が尊崇するのは当然である」という、暗黙の前提がおかれているからである。そこからは「何も靖国神社そのものを否定しているのではありません。戦没者をいたむ気持ちにおいて、決して人後におちるものではありません」といういい訳をしながら、「国のために倒れた人を尊崇するというのは、国民として当然の感情なのだから、憲法に違反しないよう無宗教で国事殉難廟のようなモニュメントを建てて、〈国家護持〉でなく〈国民護持〉にすれば何ら問題はない」とする発想が生まれてくる。あるいは「護国の英霊を尊崇し慰霊するのは当然なのだから、靖国神社を国家護持できない憲法なぞ変えてしまえ」という、強硬な改憲論が主張されてくるのである。

私は、「靖国」参拝は個人の心の問題だからとして、〈戦没者〉を〈尊崇〉するということにこめられた意味を、見落としてはならないといいたいのである。それが違憲であれ合憲であれ、〈戦没者〉を〈尊崇〉し、さらには〈英霊〉として〈まつり〉、〈慰霊〉することが、不戦、平和の誓いを立て、平和を守り続けようという決意も新たに、戦火で倒れた人に報いる道であるといいうるのかどうかという問題である。もっといえば、〈戦没者〉を〈尊崇〉するという「おもい」は、特別なイデオロギーから導き出されたものではないのかということ。戦争を憎み、平和を愛し、不戦を誓うために参拝するというよりは、好戦的で、国家を守るためには軍備もやむなし、大義のために死ねることを誓うために参拝するという色彩が、濃いのではないかということである。

一九八二（昭和五七）年三月に「戦没者追悼の日に関する懇談会」（座長石川忠雄、江藤淳、曽根綾子、高辻正己、高原須美子、中山賀博、諸井虔）の報告が総理府に出された。曰く、

「……国家・社会のために生命をささげられたこれらの同胞を追悼することは、宗教・宗派、民族・国家の別などを超えた人間自然の普遍的な情感であり、その発露としての追悼の行事を行うことは諸外国においても幾多の例を見るところである。この自然な情感をできる限り大切にしていくことが人間として最も基本的な営みであることは、言うまでもない。……」と。

さらに、一九八二（昭和五七）年三月に、大阪・箕面市の忠魂碑公費移転違憲判決が大阪地裁によって出されたことに対して、自民党は前述の懇談会の報告を引用した後で、次のように断定した。

「今回の大阪地裁の判決は、国家・社会のために一命をささげられた同胞を追悼し、霊を慰めるという、宗教・宗派を越えた日本人の自然の感情を真向うから否定した伝統的な精神文化に対する挑戦であり、『信教の自由』を守るといいつつ、逆に大多数の『信教の自由』を黙殺し、日本人の素朴な感情すらも否定するという過ちをおかし

ている、といわざるを得ない」。

私はこのような論理を、なんと傲岸で押しつけがましいことかと驚かずにはいられない。

さらに、戦没者を尊崇し、不戦・平和の誓いを立てるようでは慰霊にならない。むしろ戦死者の後に続くことを誓うことこそが、慰霊になり国の平和を守ることになるのだという主張がある。一九八二（昭和五七）年六月二十九日付のサンケイ新聞「正論」で、「欠落している平和への戦略」と題する文がそれだ。リビングマガジン研究所長で弁護士の佐藤欣子氏はそこでいう。サイパンを訪れたさいに、かつてこの島で激戦が行われ、数万の日本兵と一般婦女子が玉砕した悲劇が風化していると。彼女はまた、現地のバスガイドが立派な日本語を話し、ハーモニカで小学唱歌を吹き、「教育勅語」の暗誦をしたことを、戦前の日本が残っている形として紹介し、玉砕の地に建てられた慰霊碑のことにふれ、「戦争は駄目だ。戦うのは嫌だ。死ぬのは嫌だ。私は逃げる」という日本人の会話を批判して、次のように展開する。

「戦後長い間、私たちは戦没者を慰霊することすら避けてきた。ようやく今では慰霊をすることには国民的合意が得られるようになった。『何といっても彼らが尊い生命をギセイにしてくれたお蔭で、私たちは平和で豊かな生活をすることができるようになった』と、誰でもいうようになった。

そして戦没者の霊を慰める最善の道は『再び愚劣な戦争を引き起さないこと、つまり戦わないことである』という主張も広く支持されている。しかし、このように戦没者追悼と不戦の誓いがセットになっているのは、日本だけであろう。

世界の大多数の国々では、戦没者追悼の日は、戦いへの決意を新たにする日である。戦争に散った死者を悼み、彼等の死にふさわしく、われらも戦うことを誓うことが、追悼の日の意義なのである。戦没者を追悼する思いに国境はない。が、そこで誓われることには天地の差がある。論理的にみれば、戦没者に不戦を誓うことが慰霊になるはずはない。

日本人は長い間、どこの国でも戦没者追悼と不戦の誓いはセットになっていると錯覚してきた。自国が戦争を仕掛けない限り平和であり、核を持たない限り核攻撃をされないと考えてきた。それは、自分が犯罪を犯さない限り、つまり加害者にならない限り犯罪の被害者になることもない、と考えるようなものだ。サイパン島は、村が戦場になった悲惨な極限状況であった。しかし、国土が戦場になるという恐るべき悲劇は、今なお世界の各所で起きている。その時、不戦という『崇高』な原理に基づいて降服し、自由も尊厳も財産も侵略者に捧げて命だけ助けてもらうことも、玉砕することも、ボートで逃げることも、抵抗して殺されることも、すべては悲惨の一語に尽きる。

平和は貴重である。平和を祈念しない者があろうか。が、不戦と平和が結びついているという幼稚で安易な幻想から日本人は目覚めねばならない。戦没者追悼の日に不戦を誓うだけでは足りない。原爆記念日に核廃絶を悲願するだけでは、何の役にも立たない。平和はどうすれば保てるのか、国土が戦場となるような恐ろしい事態をいかにして防ぐことができるかを、客観的、総合的、具体的かつ戦略的に、真剣に追求しなければならない。そうでなければ、私たちはサイパンの教訓を学んだということはできないのである」。

ここでは、先にあげた「自然な情感」「素朴な感情」ということの中味が、「戦争は嫌だ」というのではなく、むしろ「彼等の死にふさわしく、われらも戦うことを誓うこと」にまで拡大され、そこにこそ慰霊の意義があるというイデオロギーを土壌にしていることが、明確に示されているではないか。

そうなのだ。戦時中、靖国神社へ参拝するのは、「英霊顕彰」「武運長久」という戦意高揚のためであった。大正

二（一九一三）年の小学校の修身教科書には、

「われらは陛下の御めぐみの深いことを思ひ、ここにまつってある人々にならって、国のためにつくさなければなりません」

とある。

戦後社会の中で、天皇や歴代首相や政府要人が靖国神社に参拝したときも、英霊の偉業をたたえ、戦いへの決意を新たにしていたのであろう。「申し訳ありませんでした。国として済まんことをしてしまいました。もう二度と戦争はいたしません。戦争は放棄するという憲法を守りぬきます」という思いをこめて参拝していたのではなかろう。「英霊の皆さん、国のためによく戦ってくれました。さぞかし力尽きて無念だったでしょう。ご苦労様です。あなた方の尊い殉死は決して無駄にはしません。私共も後に続き、日本国とアジアの平和を守るため、国を強くして戦う決意です」というのが、本音ではなかろうか。当初は私人だ公人だのと区別をつけていたのが、公式参拝となり正式参拝といわれ、とうとう一九八三（昭和五八）年八月十五日には「内閣総理大臣中曽根康弘」と記帳したむねを、堂々と告げて帰るまでにいたった。しかも一九八四（昭和五九）年の正月にも、「靖国」詣でをするという念の入れようである。

つけ加えるならば、一九八三（昭和五八）年暮れの選挙で、二二万票を獲得した田中角栄元首相は、選挙遊説中にわざわざ「靖国問題発言」をサービスしてみせた。

靖国神社を国家で護持することは憲法違反だと、バカなことをぬかすな。国家のために散華した人々をお参りして何が悪い。二百万の英霊のお蔭で、こんにちの日本があるんですよ。平和に繁栄している日本があるのは、この人達のお蔭ですよ。参拝するのが下らんなんて、けしからん。英霊のことを何と思っているんだ。（涙を拭う）選挙が終ったら、議員立法化する。みなさんにお約束します！
（新潟県小千谷市での演説、「中外日報」昭和五八年一二月二三日付）

いったい「信教の自由」「政教分離」の原則といった観点からだけで、このようなイデオロギーを超克することが可能なのだろうか。「靖国」問題に賛成、反対の立場のいかんを問わず、一度あらためて問うてみるべきではないのか。すでに自明のこととされている、「国のために倒れた人を国民が尊崇するのは当然である」ということの意味を。

四、融和主義と「靖国」思想の関係

もちろん、反「靖国」運動の潮流からは、護憲を基調にした反対運動のあり方に根本的に批判を加えるような、新しい視座も確立されつつある。それは現代社会において、なぜ「靖国」が問題なのか、「靖国」という形をとってあらわれている問題の根底には何があるのかということを、見抜いて闘わねばならないという課題にふみこもうとする視座である。そこからは「靖国」「天皇制」という宗教性を、国家意識を高めるために利用し、国家の支配、管理機構を宗教的心情の面から補完していこうとするところに、ことの本質があることを見極めようとする姿勢が生まれてくる。しかしながら、何度もいうように、一方において「国のために倒れた人を国がまつるのは当然」というのを「国民の素朴な願い、普遍的で自然な感情」とするイデオロギーが厳然として在る。そういう心境に浸りきっている人たちに対して「あなた方は国家幻想にとりこまれているのだ。だまされているのだ。ほんとうの慰霊ではないのだ」と訴えかけ、説得しようとしても溝は埋まらないだろう。かえって彼らの、「戦争は二度とごめんだから、戦没者を尊崇し慰霊するのだ」「戦没者慰霊は、私的にするよりも国が公的にやってくれてこそねうちがある」という主張の壁を、厚くするだけであろう。

それでは、なぜ「靖国」の思想が、自明のことになってしまうのであろうか。〈慰霊〉の観念への宗教学的、民俗学的な探究ということはさておいて、〈慰霊〉が「国家主義思想」と結びついて、「国民的課題」としてせまってくる「靖国」思想になってしまうゆえんは、どこからくるのであろうか。

どうやらこの問題は、部落差別をとりまく社会意識の本質にかかわる、「融和主義」と地続きになっているように思われる。「融和主義」の背景には、「寝た子を起こすな」という伝統的な融和思想があり、それはまた「泣き寝入り」をさせるはたらきをする。近世封建社会における部落差別は、明治以降の天皇制国家の資本主義体制下にあっても「融和主義」によって温存助長されてきた。天皇の宗教性で民衆の心情の結合をはかり、「天皇の赤子は平等」という幻想を与えて、差別的矛盾を吸収し共同体意識をもたせる。天皇を頂点とする国家が、部落の改善という恩恵施策をとりつつ、現実の差別や矛盾を「心がけ次第で徐々に解消するもの」として、国民を広汎に包みこんでいこうとしたのが「融和主義」である。こうした共同体意識、国民的融和思想をうちかためるために、小規模な戦争をひき起こして「内憂外患」をあおり、心情的な民族結合意識を強化し、帝国主義国家の発展を守り抜いてきた。そういう構造を背景にして、日本の近代国家が形成されてきたといえよう。それを一言でいうならば「お国のために」という形で差別矛盾を解消していくという、イデオロギーということになるだろう。

このような「融和主義」は、戦後もその思想性を継承して生き残っている。「内閣同対審答申」や、日本共産党の「国民融合論」における部落差別の「本質論」のとらえ方に、国民的融和思想を読みとることができる。新たな「融和主義」ともいうべきその骨子は、部落差別の本質は封建的身分差別の遺制の残りものであり、明治以来の近代化の社会においても残ってきたのであるが、戦後は社会の民主化近代化の中で解消しつつあり、国民的連帯・結合が進んでいるので国民的融合も行われているというものである。これは部落解放理論上、重大な問題性をはらんでいる。それは、戦前の天皇制国家における「融和主義」を、「国民的融和主義」といいかえただけで、日本の差別社会の意識構造は何ら変わっていない現状を追認し、部落差別の現実と闘う解放運動の反差別の闘いを否定し、「寝た子」を起こさず「泣き寝入り」させる役割を果たしていると、いわざるをえないからである。

つまり「靖国」思想を問う、という観点から批判するならば、こうした融和思想という「しずめの石」を置くことによって、国家権力は天皇制に新しい機能をあたえて、「靖国」思想として普遍化していこうとしているのである。天皇の「お国」のために戦死した者を英霊として尊崇し、「その遺徳をしのび、これを慰め」て、その「偉業を永遠に伝える」ことが、〈普遍的で自然な感情〉であるというイデオロギーが浸透している背景には、融和思想が官・民あげて宣伝されていることと無関係ではあるまい。それゆえに、桑原重夫氏が指摘するように、

家族や友人が理不尽な死においやられたことに対する怨念は、彼らを殺した国家やその支配に対する怒りとなって燃えあがらないで（もちろん例外はある）、その国家に死者を祭ってもらう要請となり、それを祭ってくれる『お国』を大切にしようとする思いにまで進む。それが支配者に吸収されて『国民感情』として靖国神社法案推進のエネルギーになるのである。

（桑原重夫著『日韓連帯への道』、「日本人の『国家意識』はいかに創られるか」ユニウス刊より）

ということになっていく。酔わせ、慰さめ、眠らせる「靖国」思想になってしまうゆえんである。

私は、戦後における平和運動の思想的な質の脆弱さも、この辺に密接な関係があるのではないかと思ったりする。

五、空しさにたち帰れ

かつて（一九八〇年）沖縄へ行ったとき、そこでおびただしい鎮魂碑、慰霊碑の群れを見た。それらは戦争体験の継承という形をとってはいる。だがそれらが沖縄住民の犠牲者の怒り、叫びをまさしく民衆の側から伝えるものであるかと点検していくならば、まったく逆であることに気がつく。慰霊碑の多くは、「皇軍の偉業」をたたえるものであり、観光バスのガイドの説明も「殉国の美談」「勇戦敢闘の偉勲」に終始しているのである。そこでは沖縄戦が、日本軍十一万人が米軍五十四万八千人に立ち向かい、その間に住民がはさまれた残虐極まりない戦闘であったことは語られない。追いつめられた住民四百名が、日本兵の指示で「皇軍」の勝利を祈って集団自決した、渡嘉敷島の悲惨な実相は語られない。日本兵の残虐行為や、沖縄住民がスパイ嫌疑で拷問され殺されたエピソードには触れない。山の中で飢えとマラリアで倒れていった無名の住民の悲劇は、すっぽりと抜けおちてしまう。

ようするに、沖縄戦を特徴づける一般住民の犠牲が片すみにおしやられ、旧日本軍の事績だけが正面に押し出されてくる。あちこちの碑銘には、〈英霊〉〈玉砕〉の語がちりばめられて「靖国」化していく沖縄戦跡の実態がまざまざとわかるのである。ちなみに平良修氏の調査によると、摩文仁の丘を中心に二五〇基ある慰霊塔の碑文を一五〇基について調べたところ、慰霊七四基、戦争美化の内容六六基、平和祈念五五基、その他であって、あの戦争は罪悪だったとザンゲする碑文は一つもないということである。

融和思想、同化思想、「靖国」思想は、死者も生者もともに酔わせ、慰め、眠らせるはたらきをする。そして見せかけの「自由」「平等」「平和」が氾濫する。

人間が人間に同情することが、いかに人の精神を堕落させ、生者が現世の想いたっぷりに死者を慰めることが、いかに空しい所業であるかを自覚的にとらえ返さなければならないと思う。「祈らずにおれない」気持ちはわかる。だが、その祈りが純粋かつ清浄な「まこと」として、「霊」にとどくのだろうか。反戦への意志を眠らせるような祈りに、なってはいないのか。自分のつごうや打算でまみれた意識そのままに死者を慰め、安らかに眠らせることができるのか。戦死者を生み出したものへの怨みつらみを、〈慰霊〉という宗教的心情で屈折させ、和《やす》らかに解消させて自らの精神的な「飢え」を満足させているだけではないか。そういう生者の姿を見せつけられる死者の「霊」こそ、たまったものではないだろう。「『安らかに眠ってください』だと、大事なことが抜け落ちとる」と、おちおち眠ってはいられないのではないのか。

人と人とが同時代に生き、身近かに居ながら人として出会えていない現実において、精神的「飢え」は自我を圧迫する。圧迫された自我意識は、社会的に拡大され、「国家」のため、「公共」の利益のため、という大義名分に同一化され、その権威と権力をカサにきてみだりがわしく倫理・道徳・善意をふりまく国家エゴ、民族共同体エゴイズムとなる。そのエゴイズムをあたかも、「宗教・宗派、民族・国家の別などを超えた人間自然の普遍的な情感」として意味づけるイデオローグがある。その秩序に従わないならば、個としての人間存在が真綿で首をしめられ、人間相互の関係性は歪んでゆく。そのしめつけに気づかれて悲鳴をあげさせないために、生者を束ねる〈まつりごと〉がたえず体制側から仕掛けられる。失われた祭りの復活、習俗の尊重、家庭のみなおし、祖先崇拝の奨励にはじまり、国体、オリンピック、万博、そしてさまざまな官・民一体が演出されていくイベント、巨大プロジェクト等々が、いかにも人生に無くてはならぬものであるかのように、入れかわりたちかわりあらわれ「共同幻想」にいざなってゆく。民衆を酔わせ、慰め、眠らせる流転輪廻の絆は見えない鎖で、人間を「国家」の子宮へ胎内回帰させてゆくのである。

このおぞましい現実を拒否できるのは、「むなしくすぎる」（空過）（『浄土論』聖典一五七頁）と現実をかみしめる感性、感覚でしかないだろう。流転輪廻に漂い、同情と慰めにおいてのみ、自分を確認していることのむなしさにめざめる感受のときこそ、「融和」を超えて、エゴイズムに隷属する人間を根源的に解放せしめる道理にふれる機縁ではないのか。その感性を意識化していく思想的営みが、「靖国」問題を契機として行われていかねばならないのではないかと思うのである。胸の底に宿っている深い憤りを、〈慰霊〉として解消させるのではなく、憤りに突き上げられて眠っていた者が、目を覚ますような精神。そういう精神こそが、私たちの存在の鉱脈に伝統されていた精神ではないのか。その憤り、怒りは、差別され抑圧されてきた人々によって掘り起こされ、謀叛・叛乱という形で噴出してきたのではないのか。その感性と精神を、「叛靖国」の情念として私たち自身の中に見出していかなければなるまい。さもなければ、「靖国」問題は「個人の心の問題である」という認識に切りこんではゆけまい。「靖国」への帰属意識を、慰霊による連帯感で昂ぶらせることを、「素朴で自然な感情」としてふりまく情況を撃ってはいけないだろう。

反「靖国」の運動は「叛靖国」の情念を意識化し思想化することにおいて、「靖国」問題をしたたかに、深く撃つ思想運動として、実動へ向かわしめなくてはならない。それは「靖国」問題を、「問題」としている者にとって、共通の課題といえるのではないだろうか。

仏教と同性愛——坊さんとゲイ

1. さまざまな性のあり方

一、なぜ同性愛か

同性愛に関して考えてみるきっかけになったのは、O・G・C（大阪ゲイ・コミュニティー）という男性同性愛者のグループから、質疑応答、対話の機会を求められたことに始まる。現代における差別の問題を考えるとき、性差別（女性差別）とともに同性愛者への差別と偏見という視点を欠かしてはならないことを、その人たちとの討論から教えられた。

実はO・G・CのメンバーであるH氏から、こんな話を聞かされた。

『宗教情報』という雑誌で、最近、仏教もホスピスに力を入れていることが報道されていました。アメリカなどではゲイ（男性同性愛者）がエイズにかかって末期症状になったとき、カウンセリングやホスピスという形でキリスト教が援助をすることが知られています。仏教ではどうなのかな？　と思って、その雑誌をもとにカウンセリングの相談を、ある仏教ホスピスの推進者にしたところ、意外な答えが返ってきました。それは、ゲイは先祖の因縁でおかしなことになっているので、相談にはのれないというのです。私は、仏教では、同性愛者は救いの対象から除外されているのかと。だとすればなぜなのかと、こう疑問に思ったわけです」。

この話を聞かされて、またしても〝宿業論〟を持ち出して差別をし、関わりから逃避する仏教者のありように、身の震えを禁じえなかった。

仏教の因果論、業報、宿業論が「運命論」的に解釈され、苛酷な部落差別の現実を正当化し、合理化していくための理論に用いられてきたことは、今日、多くの人びとによって批判的に論議されている。それでもなお、差別を助長、再生産する宿業論的な思想は、「あきらめ」の教えとして説かれることがしばしばあることが認められる。それは女性差別、障がい者差別などへの正当化、合理化と忍従の思想としても説かれる。本稿では「宿業論」について論じるのが主旨ではないので、問題を提示するにとどめるが、同性愛者の存在に対しても「先祖の因縁」という表現でカウンセリングを拒む姿勢は、まさに差別以外の何物でもないだろう。

しかし、考えてみると、同性愛者に対しては〝異常〟というレッテル貼りをしていることが多いのが、私たちの社会ではないだろうか。いちど性差別の問題として、同性愛をテーマにして考えつつ、それを仏教における「機」の問題として見ていけばどういうことになるのかと、考察してみようと試みたのが本論の発端である。

二、現代と性

同性愛の解釈はさまざまであるが、それらは前提として「同性愛者は異常である」という発想に基づき、それを意味づけるものが多い。

フロイドは、「同性愛は、神経質的頽廃の生まれつきの微候であろうと解釈されていた」ことに対し、次のように反論している。

①常態と比べて特別重要な相違を示さない人物に同性愛を見る。

②能力が障がいされていないばかりか、確に知識が特別に発達し、道徳的教養に卓越した人物にも、同様に同性愛を見る。

③臨床家として取扱った患者から眼を転じて、もっと広い見解をとるように努めるならば、我々は二つの傾向を事実上に認めるようになる。さうしてその二つの傾向のために我々は同性愛を頽廃の象徴と認め得なくなるのである。即ち、

――a、同性愛者は度々起こる現象であり、古代民族が文化の最高頂に於いて重要なる機能を持った一制度であったことを重大視しなければならない。

――b、頽廃の概念は高尚な文明人に対してのみに限られる慣はしになっている（ブロッホ）が、同性愛は多くの野蛮人と原始人との間に非常に広まっている。欧州の文明人の間でさへ、気候と人種との如何に依うて、同性愛の蔓延の仕方、並びにそれへの賛否が重要な影響を被っている。[1]

フロイドのこの論文は一九二五年に書かれたものであることを注意しておきたい。

『現代用語の基礎知識』では、「女・男と性'88」というテーマで次のような項目があげられ上野千鶴子氏が解説している。[2]

◎ユニセックス・ファッション

男の化粧などの風俗現象から、同性愛、変性症等に至るまで、性別を乗り越えようとするクロス・ジェンダー現象が顕著になってきた。

◎ジェンダー（gender）
生物学的な性（セックス）に対して、文化的、社会的につくられた性をいう。自分がどちらの性に属するかを認識することをジェンダー・アイデンティティ（性自認）という。
◎同性愛（homosexuality）
同性の人間に性的にひかれること。従来は性到錯とみられてきたが、一九七三年にアメリカ精神医学会は同性愛を精神疾患のリストから外し、「性的関心対象の混乱」と規定しなおした。男性同性愛（ゲイ）と、女性同性愛（レズビアン）がある。近年同性愛者自身が社会的認知を求め差別に抗議する運動を行うようになった。しかしエイズさわぎの中で、また同性愛者への差別や嫌悪が強まるおそれが出ている。
◎レズビアン（lesbian）
女性の同性愛者。最近は異性愛の抑圧性を否定してレズビアンになる人もおり、アメリカでは最も戦闘的なフェミニスト・グループとなっている。日本でもレズビアン・グループによる機関誌発行などが行われており、一九八七年には東京にネットワークの拠点としてのセンターもつくられた。

また、「見る思想書」として知られるフォア・ビギナーズ・シリーズの『性』では次のように解説されている。(3)

私たちは長い間、男女の性愛だけがノーマルで、それ以外の性愛はアブノーマルだと知らされてきました。同性愛の人たちは精神的な病気のように思われてきて、ノーマルとされている男女の性愛の型になるようにカウンセリングを受けさせられたり、同性愛であることをヒミツにして、一方で男女の関係をとりつくろったり、自分の感性を抑圧してきました。けれど、人と人とが安心しあう関係は、男女の組み合わせだけではないのです。それぞれ違ってあたり前のことです。（中略）

洋の東西を問わず、男の同性愛は歴史の中にも公然と存在するのにもかかわらず現実では男が男を選ぶということは、表現しにくい情況です。妻、子どもを養えて一人前の男。出世するには身を固めないと（結婚をする）、女もいないダラシのない男、といったような、男女から男への抑圧も多いのです。（中略）しかし、ほんとにたくさんの男たち・女たちが、自分の人生・人性に嘘をついて生きたくない！　と同性愛者であることを表現するようになってきました。同性愛者のためのガイドブックをつくったり、気楽に行ける場所がつくられたりしています。アメリカでは「ゲイ」のための手帳も発行されています。男女婚の枠組みから抜けて、自分の人生・人性を大切にしたい、自分らしく生きたいと思い、実行しているわけです。

こうした記述を読んでも、現代において同性愛者がどのような位置にあるかを知ることができるであろう。このような現実認識をふまえつつ、仏教と同性愛ということを、なかでも男性同性愛を中心にみてゆきたい。

2. 仏教と男色

一、原始仏教のサンガと戒律

釈尊の原始仏教共同体であるサンガにおいては、厳格な戒律が規定されていたことはよく知られるところである。ただ、戒律とひとくちにいっても、戒と律には大きな相違があることに注意しなければならない。少しそれにふれておく（4）。

戒（sila）とは、もと、仏教徒以外の宗教家の行っていた非行《ひぎょう》を、仏教徒に対して釈尊が誡めたものである。戒は在家信者と出家者とに通じ、これを犯した場合の処罰の規定を伴わず、自発的に改める努力に待つというもの。戒として基本的なものは三帰戒で、仏と法と憎とに帰依し、五戒を守ることを心がける誓戒である。五戒とは、（一）不殺生、（二）不偸盗、（三）不邪淫、（四）不妄語、（五）不飲酒であり、これが在家の五戒といわれている。

律（vinaya）とは、これに対し、釈尊が制定した出家者（比丘《びく》・比丘尼《びくに》）の守るべき生活規範、禁戒、掟である。律は、随犯随制《ずいぼんずいせい》といって、罪悪の行為が犯されるたびに、釈尊が「今後、同様の行為をなせば何々に処する」といましめることによってサンガの規定となっていった。つまり、律にはそれが制定されていく背景に、出家者たちの生活上の具体的行為とその当否についての判断を釈尊に相談するという場面があったのだ。比丘二五〇戒、比丘尼三四八戒といわれる（『四分律』）が、これらは最初から規定されたものではなく、ケース・バイ・ケースで律化されていったものである。そのことは、律部の経典を読めばよく分るであろう。

さきにあげた戒の場合には、「不邪淫」という戒がふくまれている。「邪淫」といわれることの内容とは、正常な夫婦関係以外の淫事をしないこととされている。

ところが、律の場合には、犯してはならない四つの重罪として、（一）婬、（二）盗、（三）殺、（四）妄の四戒があげられる。まっさきに婬戒があげられている。この四戒は、四波羅夷《はらい》といわれる。波羅夷《はらい》とは、根本罪、断頭という意味で、破門すなわちサンガからの追放ということである。ただし、淫罪にかぎり、戒を犯しても懺悔して再び出家することができるとされている。

婬とは、情欲の遂行を意味する。仏弟子たちには、血気さかんな青年たちも多くいた。彼ら、彼女らにとって、情欲、性愛への欲望はたちがたい誘惑のひとつとして迫っていたのであろう。いま、律部の諸経典を読むと、そこには、若い修行者たちの性の悩みが、刻明に記されていることに驚かされる。オナニーを覚えてしまったことへの戸惑い。誘われて異性や同性、子どもと性行為をしてしまったことへの罪悪感。知らずにある行為をしてしまったが、これは婬戒を犯したことになるのだろうか？　という悩み。猿や山羊、鶏などの動物を対象にした性行為への反省等に、どのようなことが淫行になるのかを、いちいち釈尊が仏弟子の告白を聞き、判断して違法行為の判例集が編さんされていくようなカタチで、律の経典が成立していったのであろう。それらをひっくるめたいい方で、釈尊は強く戒める。

渇望と欲情に囚われるな。情欲から嘆きと恐れが生じる。情欲から解放されている人には嘆きも恐れもない。これが仏教徒の生き方である。(5)（アンベードカル『ブッダとそのダンマ』より）

二、男色への戒め

ここで、律部の経典から具体的な淫戒の部分をあげておきたい。

初めに『十誦律』から。(6)

「婬法を行ず」とは、婬とは非梵行に名く。非梵行とは二身交会《にしんこうえ》なり。「波羅夷《はらい》」とは堕不如《ふにょ》と名く。是罪極悪深重にして是の罪を作す者は即ち堕不如にして比丘と名けず沙門に非ず釈子に非ず比丘の法を失す。「共住せず」とは、共に比丘の法を作すことを得ず所謂白　羯磨《びゃくこんま》白二羯磨白四羯磨布薩自恣なり、十四人の数に入るを得ず、是を波羅夷不共住と名く。

三、（一）是の中犯とは四種あり、男女　黄門二《おうもんに》根《こん》なり、女とは人女非人女畜生女なり、男とは人男非人男畜生男なり、黄門二根とは亦人非人畜生あり、比丘人女と行婬するに三処《しょ》に波羅夷を犯《ぼん》ず、大便処小便処口中なり、非人女畜生女二根も亦是の如し、非人男畜生男黄門も亦是の如し、復畜生女と共に行婬するに二処に波羅夷を犯ずること有り、謂く　鶏若しくは似鶏是なり。

「二身交会」とはセックスのことである。性行為を犯したものは「波羅夷」つまり追放となる。もう一緒には住めない、と宣言されることとなる。その対象が、男女、黄門、二根と列挙されている。黄門とは中性者つまり去勢された人のことである。男女の非人とは、①人間ならざるもの、人にあらざるもので神や半神をさす。②人に対して天龍八部・夜叉・悪鬼などをいう。③変化人のこと。等の意味がある。畜生の男女とは動物をさす。これらの相手と性交をしてはならないという戒めなのである。それも肛門、性器、口中を用いてセックスしてはならない、と具体的に示している。

このなかで性交の対象に男性があげられていることに注意したい。経典に記録されるほど男性同士の性交が多かったことを例証しているからである。

次に『摩訶僧祇律[7]』における記述を見ておこう。ここでは托鉢に行った比丘が男性から誘われてセックスしてしまったエピソードが紹介されている。また、黄門（中性者）と関係した話もあげられている。

復次に仏、舎衛《しゃえ》城《じょう》に住して広く説きたまへること上の如し。一比丘あり、時《とき》到りて入聚落衣《にゅうじゅらくえ》を、著《ちゃく》し、鉢《はつ》を持《じ》して城に入り、次《し》に行いて食《じき》を乞うて一家《け》に至る。爾時《そのとき》、家《け》中《ちゅう》に一男子《いちなんし》ありて比丘に謂ひて言はく、「前《すす》む可《べ》し、大徳、共に是《かく》の如き事を作さん、来れ」と。比丘答へて言はく、「世尊の制戒、婬を行ずるを得ず」。彼れ言はく、「我れ制戒を知れり、（即ち）女人と与《とも》に婬を行ずるを得ざることを。而も我れは是れ男子なり」と。是の比丘便《すなわ》ち彼の意に随ひ、彼の意に随ひ已りて尋《つ》いで疑悔《ぎげ》を生じ、具《つぶさ》に世尊に白すに、仏、比丘に告げたまはく、「汝知らずや、仏の制戒、婬を行ずるを得ざることを」。「世尊、我れ制戒を知れるも、自ら女人と与《とも》に婬を行ずるを得ずとのみ謂《おも》ひて、男子を謂はざりき」。仏、比丘に言はく、「男子とも亦《また》波羅夷を犯ず」と。

復次に仏、舎衛城に住して広く説きたまへること上の如し。一比丘あり、時到りて入聚落衣を着し、鉢を持して城に入り、次《し》（第《だい》）に行いて食《じき》を乞うて一家に至るに、一の黄門《おうもん》ありて比丘に謂ひて言はく、「前《すす》む可《べ》し、大徳、共に是の如き事を作さん、来れ」と。比丘言はく、「世尊の制戒、婬を行ずるを得ず」。彼れ言はく、「我れ制戒を知れり、男（又は）女と与《とも》に婬を行ずるを得ずと。我は男にも非ず、女にも非ず」。と。是の比丘便ち彼の意に随ひ、彼の意に随ひ已りて即ち疑悔を生じ、具《つぶさ》に世尊に白すに、仏、比丘に告げたまはく、「汝知らずや、仏の制戒、婬を行ずるを得ざることを」。「世尊、我れ制戒を知れるも、自ら男（又は）女と与に婬を行ずるを得ずと謂へり、今此れ黄門にして、男にも非ず女にも非ず」と。仏、比丘に言はく、「黄門に婬するも亦《また》波羅夷を犯ず」と。仏言はく、「比丘、三處に波羅夷を犯ず。何等をか三とす。男・女・黄門、是れを三と爲す」と。

この比丘は女性と性交してはいけない事を知ってはいたが、男性とならばかまわないと思って関係を持ってしまった。しかし、その後自分の行為に疑問と悔いを感じて釈尊に告白したところ「男子とも罪になるのだ」と言い渡されたのである。

また、黄門は男性でも女性でもない去勢された中性者なので、罪にならないと思って関係を持ってしまった比丘に対しても、「黄門とも罪になるのだ」と釈尊はいわれる。

ようするに、修行者である比丘は、独身であらねばならないし、いかなる形であれ性欲を満たすことがあってはならないというのが「婬戒」なのである。しかし、実際には性欲の昂りに悩まされた、若い比丘や比丘尼が多かったにちがいない。それは律部の諸経典に婬戒に関する具体的事例が実に数多くとりあげられていることから、窺い知ることができるだろう。

ただし、男性の夢精だけは無犯とされていた。夢精以外の方法で精液を出す、いわゆる自慰行為（オナニー＝マスターベーション）は「故出精戒」(8)として禁じられている。

この他、比丘尼においては「摩触」といって、愛欲の心で男性と腋以下膝以上をさすり合うことや、手を握り合うこと――いわゆるペッティング――も禁じられていたのである。

こうした情欲に支配されず自分に打ち勝った、比丘、比丘尼が心の安住を得た喜びを詩頌のかたちで表現しているのが、『テーラガーター』や『テーリーガーター』というパーリ伝承の仏典(9)である。

三、堕地獄としての男色

原始仏教のサンガにおける婬戒と、そこでの男色の罪について見てきたのであるが、やがて男色は地獄へ堕ちる悪業の一つに数えられるようになる。

のちに源信の『往生要集』にも引用された、『正法念処経』巻六地獄品(10)には、次のように説かれている。

復《また》異処有りて多苦《たくのう》悩と名け、是れ合《ごう》地獄第六の別処なり。衆生は何の業にて彼処《かしこ》に至るゝや。彼れ見るに、人有り、殺・盗・邪行を楽み行ひ多く作すに、合地獄多苦悩処に堕つ。殺生・偸盗の業及び果報は、前に説く所の如し。何者は邪行なりや。謂はく、男にして男に行ふにて、彼の人、是の悪業の因縁を以て、身壊《こわ》れ命終りて悪処なる合大地獄の多苦悩処に堕《お》ち、大苦悩を受け、作集《つく》れる業力にて、地獄中に於て本《もと》の男子を見る。熱炎の頭髪あり、一切の身体皆悉く熱炎にして、其の身堅鞕《かた》きこと猶《なお》し金剛の如く、来りて其の身を抱き、既にして抱かれ已《おわ》らば一切の身命皆悉く解散《ち》りて猶《なお》し沙《さ》摶《たん》の如く、死し已《おわ》りて復活《い》く。本の不善なる悪業の因を以ての故に、彼の炎人に於て極めて怖畏《おそれ》を生じ、走避《はし》りて去りて嶮岸《がけ》より堕ち、下りて未だ地に至らずして空中に在るに、炎嘴の烏有りて分分に攫《ついば》みて芥子《けし》の如からしめ、尋《つ》いで復還《また》り合して然る後地に到り、既に地に到り已るに、彼の地に復炎口の野干《やかん》有りて之れを、噉《は》み食《くら》ひて唯骨のみ在り、復還りて肉を生じ、既に肉を生じ已るに、閻魔羅人《えんまらにん》は取りて炎鼎に置きて復之れを煮る。是の如く無量百千歳に之れを煮之れを食ひ、之れを分ち之れを散らし、乃至悪業未だ懐せず未だ爛れず、業気未だ尽きずんば、一切時に於て苦を与へられて止まず、若し悪業尽きんに、多苦処より爾乃《すなわ》ち脱《のが》るゝを得、若し前世の過去久遠に於て善業有りて熟さんに、餓鬼・畜生の道に生れざるも、若しは人中同業の処に生れて無量の妻を失ひ、一つの妻をも得ず、究竟是の如く、設ひ自ら妻有るも、則ち之れを厭離《いと》うて他人を喜楽す。邪行の業因の余残の果報なり。

これは『往生要集』[11]では、次のように要約されている。

また別処あり。多苦悩と名づく。謂く、男の、男において邪行を行ぜし者、ここに堕ちて苦を受く。謂く、本《もと》の男子を見れば、一切の身分、皆悉く熱炎あり。来りてその身を抱くに、一切の身分、皆悉く解け散る。死し已りてまた活《よみが》へり、極めて怖畏《ふい》を生じ、走り避けて去るに、嶮しき岸に堕ち、炎の嘴の鳥、炎の口の野干《やかん》ありて、これを噉《は》み食ふ。

「多苦悩」とは、衆合地獄の別処である。衆合地獄では、巨大な鉄の山にはさまれて摧砕される様が描かれている。そこには「刀葉林」という、邪欲にふり回された者が趣く処がある。また、幼児誘拐、虐待の罪を犯した者が行かされる「悪見処」がある。

そして、男色を行った者は「多苦悩」という境涯を与えられるというのである。ここでは、男色をなしたがために、一切の身分がすべて焼けて失われる。これは男色者であることが世間に知られると、地位も名誉も失うということを思い知らせようという、「教訓」かもしれない。怖畏を生じて走り去ると、断崖絶壁から堕ち、炎の嘴《くちばし》の鳥につつかれるという。これは、たえず他人からどう見られているかという不安におびえ、いったん男色者であることがわかってしまうと、どこまで逃げても世間の人の口が、炎の嘴《くちばし》となって非難し、責めさいなまれるということをいおうとするのであろう。〝だから男色はおよしなさい！〟と。

このように、男色は堕地獄の罪とされてきたわけである。

3. 大乗仏教における性愛と性差

一、戒律主義と僧団への批判

仏滅後、紀元前二世紀ころから、部派仏教では、出家者を中心とした専門家集団である僧団が形成されていった。僧団では仏陀の教えや戒律を守るために、寺院の中に出家者を囲い込むような形で、僧侶がしだいに民衆の生活から遊離していくようになった。

これに対して、在家の信者を中心に〝仏陀とは何か〟〝仏陀の精神を明らかにしよう〟という新しい運動が興り始めた。この運動は、初めは仏陀の遺骨を納めた仏塔（ストゥーパ）を守る人々の組合（ガナ）から始まったという。彼らは仏塔を崇め、供養するだけでなく、仏陀に代わって慈悲行を実践する理想的人間像としての「菩薩」（ボーディ・ザットヴァ＝さとりを求める人）を、自ら名のるようになった。菩薩は、仏陀の本生譚である『ジャータカ』において、仏陀の前身と呼ばれる求道者の名で、民衆の中に口承されてきたのである。そうした菩薩集団の中から、その独自の信仰・思想を表現するための新しい経典が、製作・編集されていった。その中で彼らは、自らの道を、大乗と名のり、旧来の仏教を小乗と貶《けな》した。旧仏教は、出家者による僧団と戒律中心主義であり、自利のみにこだわる二乗（声聞・独覚）の道である。これに対して大乗は、利他を旨とする菩薩道であり、人間社会のあらゆる問題との関わりの中で、仏道を歩むものだというのである。この大乗を名のる人びとによって、『般若経』や『法華経』や『無量寿経』や『華厳経』や『維摩経』や『大日経』などの大乗経典が作り出されたのである。もちろんこの運動に共鳴した比丘たちもあったので、僧と在家者との合作、合流も行われて運動は広がっていった。大乗仏教は、その経典の成立年時から、紀元前一世紀から紀元後一世紀ころにかけて興起、発展していったものと考えられている。

したがって、大乗仏教では、旧来の戒律中心主義を批判し、現実との関わりや、人間の生々しい苦悩の中にこそ仏法が生きているという思想を、表明するのである。

たとえば、『華厳経』（『大方広仏華厳経』）では、善財童子の求道物語を主とした「入法界品」を主として、仏陀論が展開されて、ぼう大な経典となっていく。ここでは本仏・盧遮那仏の分身としての菩薩が、人間社会のあらゆる階層に出向いて、本仏の光明を届け、人々を救済していくという構成になっている。人間社会のどんな階層や職業の中にも菩薩が具現し、仏法が貫徹しているという社会実践的、社会倫理的な考えなのである。

他の大乗経典も、このような思想がバラエティに富んだ物語を軸にして語られている。

そのような大乗仏教においては、人間の情欲、性欲の悩みも、否定されるべきものとしてではなく、大らかに人間性を肯定するものとして受け止めとめられていったのである。[12]

二、密教の思想

大乗仏教は、インドのヒンドゥイズムや民間信仰との融合によって、密教＝秘密仏教へといきつく。密教の経典においては、一切の人間的な欲望が肯定され、性欲でさえ清浄な菩薩の位であると、大胆に表現されている。『理趣経』[13]（『大楽金剛不空真実三昧耶経』）においては、次のように説かれている。

男女の交わりによっておこる恍惚境も、清浄な菩薩の位である。たがいに触れあうことも、清浄な菩薩の位である。矢がとぶように急速にはげしくおこる愛欲の心も、清浄な菩薩の位である。世の中がすべて思いどおりになるという気持ちをおこすのも、清浄な菩薩の位である。愛欲に縛りつけられるのも、清浄な菩薩の位である。愛欲の心をもって見ることも、清浄な菩薩の位である。触れあうことによって生ずるよろこびも、清浄な菩薩の位である。愛欲に縛りつけられて愛欲におぼれるのも、清浄な菩薩の位である。すべて思いどおりになって慢心をおこすのも、清浄な菩薩の位である。愛欲の心をもって見て、みずからを飾りたてることも、清浄な菩薩の位である。触れあうよろこびのなかで満足することも、清浄な菩薩の位である。愛欲におぼれて光明をみることも、清浄な菩薩の位である。慢心をおこしてあらゆる恐れを忘れ、身体がのびのびすることも、清浄な菩薩の位である。あらゆる事物の形や姿そのままが、清浄な菩薩の位である。あらゆる事物の音声そのままが、清浄な菩薩の位である。あらゆる事物の香りそのままが、清浄な菩薩の位である。あらゆる事物の味そのままが、清浄な菩薩の位である。なぜかといえば、一切の事物は自性清浄であるから、般若波羅蜜もまた清浄である。
これは大乗における「煩悩即菩提」「生死即涅槃」の考えを徹底し、それを現実生活の上に表現したものであるといわれているのである。

三、譏嫌の名

大乗仏教における世界観をあらわす思想として、浄土思想を無視することはできない。浄土は菩薩の誓願によって建立された、清浄な仏国土のことである。浄土という観念や、その荘厳された世界の発想が、どこから生じたかについては、従来からさまざまの研究がなされてきた(14)。

いずれにせよ、私は浄土の思想とは、サンガの思想に対するものとしてとらえるべきだと考えている。原始仏教の僧団であるサンガは、戒律的であり、それを守るためには寺院の中に出家者の僧団を囲い込まなくてはならなかったのに対して、大乗仏教の浄土世界は、すべての人びとと共に往く広大な覚りの世界として、社会に開かれているといえるだろう。

浄土の三部経といわれる『無量寿経』『観無量寿経』『阿弥陀経』には、法蔵菩薩の本願によって建立された阿弥陀仏の浄土と、そこにいたる宗教的実践道としての念仏の法が説かれている。

その『無量寿経』における浄土の覚りを論じた『浄土論』(天親菩薩作)には、次のような偈文がある。

大乗善根《ぜんごん》の界《さかい》、等《ひと》しくして譏嫌《きげん》の名なし、
女人《にょにん》および根欠《こんけつ》、二乗の種《しゅ》、生ぜず。

衆生の願楽《がんぎょう》するところ、一切よく満足す。（聖典一三六頁）

大乗善根の界すなわち浄土という世界は、平等であって譏嫌《きげん》の名がないので、女人および根欠、二乗の種として譏《そし》られ、嫌《きら》われるようなものはそこには存在しない。すべての衆生の願いは、ことごとく満足される、というのである。

仏教では、女性は五障三従だから成仏できないと、蔑視されてきた。男性に変わることによって成仏が可能になるとする、「変成男子」の思想がある。

根欠《こんけつ》もまた、仏道の成就をさまたげる条件とされてきた。根欠とは「諸根闕陋《しょこんけつる》」ということである。諸根とは眼・耳・鼻・舌・身の五根（感覚器官としての五官）である。闕《けつ》とは五根が欠けて「不具」であること、陋《る》とは醜いことである。こういうことから「盲・聾・瘖・唖」と呼ばれる身体障がい者は、教法を聞くことの困難な八種の境界（八難）の一つとされ、根欠とされて仏道から疎外されてきた。

『無量寿経』では第四十一願、諸根具足の願で、

たとい我、仏を得んに、他方国土のもろもろの菩薩衆《ぼさつしゅ》、我が名字《みょうじ》を聞きて、仏を得んに至るまで、諸根闕陋《しょこんけつる》して具足《ぐそく》せずんば、正覚《しょうがく》を取らじ。（聖典二三頁）

と誓われている。この文の解釈は、

「他方国土の菩薩が、多劫にわたる自分の修行において、幾度も受生する間に、諸根不具の身として生まれることがあるので、わが名号を聞いて修行するならば、仏果に至るまで幾度受生することがあっても、すぐれた六根を具足して、仏道を成就せしめようと誓われるのであります[15]」

とされてきた。

つまり、根欠を根欠のまま認めるのではなく、あくまで根欠の難としてとらえ、六根具足の身にさせて成仏させようという発想である。

しかし第十六願、離譏嫌名の願では、

たとい我、仏を得んに、国の中の人天、乃至不善《ふぜん》の名ありと聞かば、正覚を取らじ。（聖典一七頁）

と誓われている。不善《ふぜん》の名とは譏《そし》り嫌《きら》われるよくない名前のことで、先に述べた女人および根欠と二乗をさす。『浄土論』の「大乗善根の界、等しくして譏嫌の名無し」とは、この願文に由来している。曇鸞の『浄土論註』によれば、浄土には不善の名で呼ばれるような実体はなく、そうした名と体の不相応な与奪《よだつ》（取捨）の名がないということで、第十六願の「乃至」の意味は、「譏嫌の名すらない」ということと理解されているのである。[16]

『浄土論註』では、次のように解釈している。

我が国土は皆是れ大乗一味にして平等一味ならしめん。根敗の種子畢竟じて生ぜじ。女人残欠の名字亦断たん、と。[17]

ここにおいて第四十一願と第十六願との間には、根本的な解釈の相違をみることができるのではないだろうか。すなわち、第四十一願では、根欠を諸根具足させて成仏せしめようとする。それは根欠を不完全な存在として、譏嫌する立場といえよう。今日の障がい者解放運動論でいわれるところの、「障がい者軽減・克服」つまり「障がいからの解放」である。[18]それは「健常者」と等しくなるように「障がいを軽くすること」もしくは「治すこと」が善であるという立場である。どこまでも障がい者は不善、すなわちマイナスイメージで語られることになる。

これに対して第十六願では、女人とか根欠ということで譏られ嫌われような不善の名すらないのだから、そのままでみな往生でき、しかも平等に成仏できるということになる。曇鸞の『浄土論註』もその解釈をとっている。これは、障がい者解放を「障がいからの解放」ではなく「差別からの解放」としてとらえる立場と共通するのではないだろうか。それはたとえば、どんなに重い「障がい者」であっても、そのことによって差別されたり、その存在を否定されたりすることが決してないということであり、「障がい者」が自らの生きざまを堂々とさらけ出して、生き闘うことができるという地平である。(19)

女人と根欠と二乗という存在は、仏法の器にあらずと譏嫌されてきた。

私はこの中に、男色者もふくまれているのかどうかということを、考えずにはおれないのだがどうだろうか。

四、五逆・十悪の衆生

曇鸞の『浄土論註』では、すべての衆生と共に浄土に往生しようといわれていることについて、それはどのような衆生と「共に」というのか、という問いが出されている。(20)そこであげられるのは、

「五逆十悪を作り、諸の不善を具せん」といわれる人である。(21)

五逆は（一）殺父、（二）殺母、（三）殺阿羅漢、（四）出仏身血、（五）破和合僧という五つの重罪である。十悪とは、殺生・偸盗・邪淫・妄語・悪口・両舌・綺語・貪欲・瞋恚・愚痴のことである。このうち五逆の破和合僧と、十悪の邪淫に男色がふくまれているといえよう。そしてこの人びとが、「仏を信ずる因縁をして皆往生を得しむ(22)」といわれているのである。

このようなことからも知られる。大乗においては、教条的な戒律をもって人を裁くのではなく、人間存在そのも

のが有している五逆性、十悪性と共苦することによって、「普共諸衆生」の浄土の覚りを求めることが大きなテーマになっていることが。

五、親鸞の告白

親鸞は、『教行信証』「信巻」において、自身の現実を告白している。

誠《まこと》に知りぬ。悲しきかな、愚禿鸞《ぐとくらん》、愛欲の広海に沈没《ちんもつ》し、名利《みょうり》の太山《たいせん》に迷惑《めいわく》して、定聚《じょうじゅ》の数《かず》に入ることを喜ばず、真証《しんしょう》の証に近づくことを快《たの》しまざることを、恥《は》ずべし、傷《いた》むべし、と。（聖典二五一頁）

親鸞にとっては、女犯《にょぼん》が青年期からの大きな苦悩の一つであった。それは二十九歳のとき、六角堂参籠のさいに救世観音菩薩から得た告命である「女犯の偈文」によって知られている。

行者宿報設女犯　我成玉女身被犯　一生之間能荘厳　臨終引導生極楽（『御伝鈔』聖典七二五頁）

この文を河田光夫氏は、「男性が救われる道は、必然性によって女性と関係を結ぶことから始まり、ともに念仏し、女性の中にひそむ菩薩によって救われる」[23]と読みこんでいる。河田氏はそこから社会体制としての女性差別を助長した仏教の女性差別は、男の修行の妨げになる「悪」「けがれ」として女性を排除し、ますます男の性をゆがめてきたとする。さらに、

「そうした中で親鸞が、まず女性を求める自らの煩悩を、必然性と認識するところから出発した意味は大きい。その時、僧の解放されざる性のゆがみと、それにかかわる旧仏教の女性差別をつきくずす道が開けたのである」[24]

と論じている。この観点には全く共感させられる。

ただ私はここで「男の性のゆがみ」といわれる言葉に、いささかのこだわりを感じざるをえない。それは女性を排除しつつ、性欲の対象として売春制度に身を委ねる男の性をいうようであるが、同時に女性の代償としての男色への非難のようにも聞こえてくるからである。もちろん河田氏の真意は、ここでは十分計りかねるのであるが、そういう問題もふくまれているように思われる。

しかし、男色は必ずしも女性の代償とはいえない。男子間の同性愛は先述してきたように、原始仏教のサンガの時代から既に見ることであり、表面化しない男色への悩みということも、数多くあったに違いないと推察する。

親鸞の告白が、男色の問題をふくんでいるとはいいがたいが、そこでいうところの「愛欲」とは、女犯の問題、人間関係（師弟関係の問題）、親子の情愛の問題があるように思われる。そして「名利」とは、権力との関係から生じる利害や政治的野心の問題であろう。そういう中で親鸞は、

いずれの行もおよびがきた身なれば、とても地獄は一定《いちじょう》すみかぞかし。

（『歎異抄』聖典六二七頁）

と語った。それは悪人正機思想と通底する、煩悩具足の凡夫こそが浄土往生するという信心であろう。ここにおいては、堕地獄の罪とされる行為を戒め、善業をすすめるという断罪の思想はない。ただ「化身土巻」に引かれる、

もし菩薩《ぼさつ》、種種の行を修行するを見て、善・不善の心を起こすことありとも、菩薩みな摂取《せっしゅ》せん、と。

（『華厳経』聖典四〇一頁）

という信に立つのみである。私は、このような観点から、男色を問い直していくべきではないかと考えている。

4. 日本仏教と男色

日本における男色の歴史も古い。『日本風俗史事典』[25]によれば奈良時代の『日本書紀』（七二〇年）に早くも男色による心中伝説が見えるとある。年上の男性が年下の美少年を性欲の対象とするのが通例で、仏教では稚児《ちご》や喝食《かっしき》と呼ばれる童子が寵愛をうけた。

稚児《ちご》は、寺院において従者・雑役者として務める有髪の少年である。喝食《かっしき》とは、禅宗で斎を大喝して知らせる役僧である。後には稚児と混同された。

水上勉は、その著『一休』[26]において、自らの性のめざめ体験もふくめつつ、禅仏教の内側を次のように書いている。

さらに童行、喝食が、沙弥、首座たちの小間使いであるだけでなく、唐突にきこえるようだが男色の対象になっていた事実も述べておかねばならない。宮坂哲文氏は、当時の童行、喝食について、

「五山文学に出てくるところによると、あまり真実な修行ということは見受けられない。むしろ男色の対象となっていたのは、皆この童行に相当する者たちであった。五山では多く『喝食』と呼ばれていた。『瑩山清規』には『喝食童行』という用例もみえている。ところが、わが国では沙弥が多いのであるが、童行と沙弥との間に確然たる境界がないのであるから、童行と同等のものであろう。中国では沙弥はすでに年長者であって、行者の側にむしろまわるほどであるのに、わが国では沙弥は中国の童行よりもある時は年少で（中略）昔から比叡の『児』のように、有髪でお化粧していたものらしい。これが五山僧徒たちの恋愛の対象となった喝食行者なのである」

江戸時代の学憎無著道忠も、『禅林象器箋』という本で「日本禅林ニ有髪ノ童子ヲ喝食ト称スル者、綺羅鉛粉シテ、口ニ飯羹ヲ言フコトヲ恶ズ。名実相ヒ失スルコト此ノ如クナル者有リ。笑フ可シ」といっている。このことは重大であって、童行周建が、どのような沙弥の下で夜の随従をなしたか。興味がある。（中略）

男色は十五、六歳からはしかのように襲った。自慰をおぼえたのも先輩沙弥に教わった。いつ、私が性がどのように芽ばえたかはっきりしないが、たぶん十三、四の頃に、同部屋の兄弟子が、眼前で手淫し、硬直した陰茎の先から乳白色の液体を出すのをみている。「お前もそこでやってみい」と兄弟子はいった。私は兄弟子に、この場合、そむくことは出来たはずだったが、なぜかへつらいた気持ちが生じて、小さな、まだ発育しきらない陰茎を兄弟子の前で出し、兄弟子がしたようにまねてみせた。禅林の庫裡は女犯を禁じているので、童行、喝食らが、性的におくれると判断するのは早計で、ふつう、家庭の子は、身辺に母、姉妹など女性が往来するため、自然な性の発育をみるが、女性の入ってこない庫裡の生活では、かえって性は早く訪れる。不思議なことであった。恥毛もはえぬうちに私は手淫の悦楽をおぼえ、兄弟子の手淫を手つだった。等持院における私の先輩七人の喝食、沙弥は、長ずるに及んで、年下の喝食、童行に「夜伽《よと》ぎ」を命じた。伽《と》ぎは兄弟子の自室で同衾すること。兄弟子は一つ床に下弟子を導き入れ、手淫を強制する。自分がするのではなくて、下弟子にやらせるのである。看経や作務を真面目くさって教える先輩が、夜ふけにけもののようにうめきはじめ、射精したあと、急に身心脱落して眠りこける姿を私はみている。これは他寺の従弟だったが、誰かに無理矢理鶏姦をうけたとみえ、ガーベラの花のように肛門をただされていたのをみている。（中略）

禅林がきびしい規矩による呪縛の戒律生活をうたえばうたうほど、破戒の醍醐味は学べる。（以上『一休』）

このような稚児・喝食とも、室町時代には男色の対象として武士の相手もするようになった。戦国時代ともなると陣中に女性を伴うことの困難から、武将が美少年を伴うことがはやり、また武を重んずる気風から、とくに女色より男色を讃美する風潮が生まれ、ついに若衆道《にゃくしゅどう》（略して若道《にゃくどう》、あるいは衆道《しゅどう》ともいう）の確立を見る。兄分の者を念者《ねんじゃ》（念人、念友とも）といい、弟分の者を小人《しょうじん》（あるいは若衆）と称して、男女間の愛情にまさる武士道的盟約が、性の交渉を通じて昂揚されている。(27)

水上氏は『一休』で、一休和尚が「衆道ずき」すなわち男色におぼれていたことを紹介している。「一休衆道くるひの事」と題して、『一休諸国物語図絵』の作者の次のようにいう。即ち「拾遺巻の上」で、

「和尚は衆道ずきにましまして、児かつしきへの艶書ここかしこに有りといへり。されど御心のうごき給はざる事は、駿河の府中に小玉弁之助とて、鄙《ひな》に似げなき美童ありけるが、和尚深く口説き給へどもしたがはざりければ、狂歌をおくり給ひける。」

花は根に鳥はふるすにかへれども人はわかきにかへることなし

一休は晩年、盲目の女性森女と情事にふけったことを『狂雲集』でうたっているが、男色にふけったこともそこにうたわれている。(28)

・近侍の美妾に寄す（本文）

淫乱なり、天然、少年を愛す、
風流の清宴、花前に対す。
肥えたるは玉環に似、瘦せたるは飛燕、
絶交す、臨済が正伝の禅。

・美人の侍者よ（意訳）

乱脈ひとすじ、男色ぐるい、
めぐる盃、花よぶつぼみ。
玉環まるまる、飛燕はほそい、
臨済正室、もう手をきった。

・純老と睦室と親子の約（本文）
夢裡の平生、男色の愁い、
烏頭の瀟洒、没風流。
豈に是れ真箇に親子かと疑わん、
愛河深き処、水悠々たり。

・睦室と父子のちかい（意訳）
夢に託した、男色ぐるい、
髪はくろぐろ、楚々たるすがた。
他人の目には、親子とみえて、
胸のさわぎは、黄河の動き

一休のうたは自在で大らかである。しかし禅仏教の内側における稚児愛のような関係には何かしら屈折した性愛を感じさせられるのではないだろうか。その遠因はやはり婬戒によって制されてきた僧団仏教の性格にあるように思われる。

ほんらい異性愛も同性愛も両性愛も、人間の生の営みとしては自然なものであったにちがいない。それを婬として罪悪視するところから「正常な夫婦関係」以外の性愛を「異常」とみなす宗教的信条が社会倫理化されてきたのであろう。むしろ仏教が男色を陰湿なものにしてきたといえるのではないだろうか。

5．むすび

仏教に限らず、宗教が性差別の要因と深く関わっていることはもっと研究されなければなるまい。

キリスト教においても、『旧約聖書』では、死海の近くにあった古代都市ソドムが男性同性愛の発生地であるという伝説がある。男性同性愛をソドミィと呼ぶのはその故だという[29]。

今日、私たちは「世界人権宣言」の第二条と第七条においていかなる差別も受けることなく権利と自由を享有することを知っている。

第二条（権利と自由の享有に関する無差別待遇）

1　何人も、人種、皮膚の色、性、言語、宗教、政治上その他の意見、国民的もしくは社会的出身、財産、出生または他の地位のようないかなる種類の差別も受けることなく、この宣言に掲げられているすべての権利と自由とを享有することができる。

第七条（法の前における平等）

すべての人は、法の前に平等であり、また、いかなる差別もうけることなく法の平等な保護を受ける権利を有する。すべての人は、この宣言に違反するいかなる差別に対しても、また、このような差別のいかなる教唆に対しても、平等な保護を受ける権利を有する。(『世界人権宣言』一九四八年採択、『人権宣言集』岩波文庫)

また、一九八五年五月八日に西ドイツのヴァイツゼッカー大統領が、ドイツ敗戦四十周年にあたって連邦議会で行った演説「荒れ野の四十年」(30)の中で、次のようなくだりがある。

五月八日は心に刻む（ニアインネルソ）ための日であります。心に刻むというのは、ある出来事が自らの内面の一部となるよう、これを誠実かつ純粋に思い浮かべる（ゲデンケン）ことであります。そのためには、とりわけ誠実さが必要とされます。

われわれは今日、戦いと暴力支配との中で斃れたすべての人びとを哀しみのうちに思い浮かべております。

ことにドイツの強制収容所で命を奪われた六百万のユダヤ人を思い浮かべます。

戦いに苦しんだすべての民族、なかんずくソ連・ポーランドの無数の死者を思い浮かべます。

ドイツ人としては、兵士として斃れた同胞、そして故郷の空襲で、捕われの最中に、あるいは故郷を追われる最中で命を失った同胞を哀しみのうちに思い浮かべます。

虐殺されたシィンティ、ロマ、殺された同性愛の人びと、殺害された精神病患者、宗教もしくは政治上の信念のゆえに死なねばならなかった人びとを思い浮かべます。銃殺された人質を思い浮かべます。

ドイツに占領されたすべての国のレジスタンスの犠牲者を思い浮かべます。

ここでは「殺された同性愛の人びと」という言葉で、個別的・具体的に「殺された死」を憶いおこし心に刻むことが呼びかけられている。

本論の冒頭で述べたような、ゲイ（男性同性愛者）への差別が、〝宿業論〟をもって肯定され、同性愛者を排除していくようなあり方を、今一度改めて考えるべきではないだろうか。

その意味で、同性愛者とからめて問題にされているエイズは、いま「らい」の問題と同じように扱われつつあるおそれが指摘されていることにも、注意をしなければならない。

藤井善氏は「『らい予防法』と『エイズ予防法案』を問う」[31]と題した論文で次のように述べている。

「後天性免疫不全症候群（エイズ）の予防に関する法律（仮称）案」の要綱により、その条文の中にあるいくつかの個所について、「らい予防法」（昭和二十八年八月十五日施行）とのかかわりにふれてみたい。（中略）いまエイズ法案なるものを読むとき、余りにも酷似した点があるのに驚き、重大な危惧の念をいだかずにはおれない。その条文の中の「医師の指示及び報告」に「医師は、後天性免疫不全症候群の病原体に感染している者であると診断したるときは、当該感染者またはその保護者に対し、後天性免疫不全症候群の伝染の予防に関し必要な指示を行い、七日以内に文書をもって当該感染者の年齢及び性別、当該感染者が後天性免疫不全症候群の病原体に感染したと認められる原因等を当該感染者の居住地を管轄する都道府県知事に報告しなければならない」として、医師に報告を義務づけて、「らい予防法」と軌を一にする。「らい」の場合は、県庁に「癩患者名簿」が保管されている。「エイズ患者名簿」が恐らく作成されることであろう。次に感染者の遵守事項として、感染させるおそれが著しい行為を禁止し、医師の指示を遵守することを義務づけることなど、感染者の生活への著しい関与となっている。しかもそれが、罰則として、知事の検診命令に対する拒否、質問に対する虚偽答弁も含まれているとすれば、感染者は犯罪者となる可能性が十分考えられる。ハンセン病患者が、あたかも犯罪者のように療養所に入所させられた事例は少なくない。

一九八八年二月二〇日付けの毎日新聞にはフランスの知識人ジャン・ポール・アロン氏が「私はエイズにかかっている」と告白した記事が載っていた。その告白の中で同氏は自分がホモセクシャルであること。感染したのは一九八一年末、イタリアに旅行したとき知り合い、性交渉を持った米国人男性からだろうと明かしている。告白の動機を氏は語る。

「私自身を解き放つため、呪縛から自由になるためです。エイズが恥ずかしい忌むべき病気として沈黙している人を知っています。でもエイズは本当に恥ずかしい病気なのでしょうか。恥ずかしい病気がこの世にあるのでしょうか。（中略）私は知識人の責務という前に一個の人間として自分の中にひそむ衝動に突き動かされて事実を話したまでです」。

男性同性愛と仏教の問題にしぼるつもりが、まとまりのない冗漫な文になってしまった。私の見方、考え方はようやく同性愛について知り始めたばかりなので不十分で的外れなところもかなりあるのではないかと思う。ただ、私は、ことは同性愛者への差別だけの問題ではなく、私たちの個々の性生活、人間観（人生観）への権力の介入、あるいは性の道具化、国家による性倫理や優生思想のおしつけ、等々の形で、人間と人間との関係性を引き裂いていく社会疎外の問題として、これをとらえてみたかったのである。エイズにしても、現代におけるあらゆる「病い」がかかえ持つ人間の根源的課題へのきつけという意味で、他人事ではなく考えつづけてゆきたいのである。

註

（1）フロイド『性慾論・禁制論』（『フロイド精神分析学全集』第五巻、矢部八重吉訳、昭和一五年刊、春陽堂）より、「性説に関する三論文」。

（2）『現代用語の基礎知識』一九八八年、自由国民社。
（3）鈴木みち子・田井亮子『性』フォーービギナーズ、現代書館、一九八七年七月。
（4）戒律の説明に関しては、『国訳一切経』律部全体の「解題」および、望月『仏教大辞典』、中村元『仏教語大辞典』を参考にした。
（5）B・R・アンベードカル『ブッダとそのダンマ』山際素男訳、三一書房。
（6）『十誦律』巻一［比丘戒］婬戒、『国訳一切経』律部五、一五頁。
（7）『摩訶僧祇律』巻一［比丘僧戒法］婬戒の一、『国訳一切経』律部八、四八～四九頁。
（8）『十誦律』巻一、『国訳一切経』律部五、五二頁。
（9）中村元訳『仏弟子の告白』『尼僧の告白』、岩波文庫。
（10）『正法念処経』巻六地獄品二、『国訳一切経』経集部八、一二〇頁。
（11）源信『往生要集』『日本思想大系』六、源信、岩波書店。
（12）この項、渡辺照宏著『仏教のあゆみ』大法輪閣。佐々木、高崎、井ノ口、塚本共著『仏教史概説インド篇』平楽寺書店。山口益編『仏教聖典』平楽寺書店。梶山雄一『菩薩ということ』人文書院、など参照。
（13）『理趣経』現代語訳は山口益編『仏教聖典』による。
（14）藤田宏達『原始浄土思想の研究』岩波書店、には先学の研究が紹介されている。
（15）松原祐善『無量寿経に聞く』二七二頁、教育新潮社。
（16）『浄土論註』『真宗聖教全書』第一巻二九七頁、大八木興文堂。
（17）『浄土論註』『真宗聖教全書』第一巻二九六頁。
（18）楠敏雄『「障害者」解放とは何か』八三頁、柘植書房。
（19）楠敏雄『「障害者」解放とは何か』八三頁。
（20）『浄土論註』『真宗聖教全書』第一巻三〇七頁。
（21）『浄土論註』『真宗聖教全書』第一巻三〇八頁。
（22）『浄土論註』『真宗聖教全書』第一巻三〇八頁。
（23）河田光夫『親鸞と女性』（『南御堂』難波別院発行、一九八七年八月号所載）より。

(24) 河田光夫『親鸞と女性』(『南御堂』難波別院発行、一九八七年八月号所載)より。
(25)『日本風俗史事典』弘文堂。
(26) 水上勉『一休』中央公論社。
(27)『日本風俗史事典』。
(28) 柳田聖山『一休・狂雲集／夢閨のうた』「(禅の古典)六、講談社。
(29)『旧約聖書』創世記一九章。
(30)『荒れ野の四〇年』「岩波ブックレット№55。
(31) 季刊『ＪＯＤＯ』一九八七年№５「季刊ＪＯＤＯ」編集委員会発行。

〈往復書翰　戸次公正から玉光順正へ〉

浄土・寺・僧と現実

一、玉光順正さんへ

玉光さん、お元気ですか。関西新空港問題に関して、寺が家宅捜索されてからはや四か月以上たちました。ガサ入れの最中やその直後には、全国の友、同朋からの抗議電報や電話が警察に殺到し、あまりの反響に警察は受け取りを拒否しました。さらに、これを「宗教弾圧」であり不当だとする「抗議声明（資料1）」への賛同署名は、その後もひききらず私の手元に寄せられています。大きく激励され、感謝にたえません。

とりわけ、玉光さんが発行しておられる『市川親鸞塾便り』紙上で「浄土と国家Ⅰ—南溟寺の家宅捜索に関して（資料2）」という一文に書いてくださった内容は、私にとって大きな示唆、叱正であり、大きく勇気づけられ、かつ襟を正さしめられることであります。その「便り」の文は、一般に公開された形になっていますが、私は私自身に発せられた便りとしてこれを受け止め、お礼かたがた何らかのお返事をしなければ気が済まないと思い続けてきました。というのは、そこに記された内容は、南溟寺への家宅捜索に抗議する私への支持、支援を表明したアピールにとどまらない意味をふくんでいるからです。「浄土と国家」という題名が示すように、まさに浄土という世界観・生命観・歴史観を背景とする、真宗の寺院の存在意義にかかわる問題が提起され、展開されているからです。玉光さんは、今回の家宅捜索を、「国家と浄土の相剋」としてとらえておられます。それは解放性を原理とする浄土を背景として、一切に開かれた場である真宗寺院に対して、既定の国家への忠誠心という閉鎖性を背景とする国家が、踏みこみ蹂躙したからであるという観点からです。それゆえに、それは浄土を願って生きんとする「私たちの魂に対する家宅捜索ともいえよう」と見極めていかれました。そのことを明らかにした上で、それでは真宗寺院はこの世にあっては、何に依って規制されるべきかということを、「念仏によって統理されていなければならない」と示唆されました。それは寺が、「法律には直接規制されるべきではないが……三宝帰依という仏からの規制を受けるものである」と、厳しくおさえていることでもうなずけます。同時に寺が、利用主義や独善的な治外法権の場になってはならないことも、鋭く注意されています。――これは、ひょっとすると、戸次は南溟寺が治外法権であったり、活動拠点であると見なしていはしないか、もし少しでもそう思っているとしたら、寺を守る意欲が不純だゾ……と、暗に指摘していてくださるのかもしれません。とにかく、こうした内容によって公開された玉光さんの「便り」は、今日における仏教の教学と実践を触発する貴重なものであろうかと思われます。そこで、以下に玉光さんの文に応える形で、私の意見を出し、この時代情況下で浄土を願って生きんとする者が、どのような視座を確立していかねばならないのかを、さぐってみたいと考えます。

二、大乗としての浄土

まず、初めに、「浄土と国家」という問題の立て方をもう少し教学的にこと分けておきたいと思います。なぜなら「浄土と国家」というのは、「真実の教・浄土真宗」を標挙した親鸞の教えに依るものであり、浄土真宗に無縁の人や、浄土真宗という名を仏教の一宗派名としてしか見ていない人にとっては、いささか唐突であり、かつ短絡的とみなされるきらいがあるからです。ただ「浄土」の問題は、親鸞がその「浄土真実」を顕すために『教行信証』を選述したように、とても大きな普遍的課題です。それに分け入るのが、小論の目的ではありませんし、不可能でもありますので、ここでは私のまずしい了解としてまとめた浄土観を述べるにとどめます。

なぜ、浄土が解放の根拠となり、真宗寺院は開放された聞法の道場であるといいうるのか。

それは原則的には、歴史文書としての経（大乗仏教の経典）によります。仏陀釈尊の滅後、紀元前一〇〇年ころから、インドでは大乗仏教運動が興り始めました。仏陀の教えを、伝統的、形式主義的に恪守する僧団のあり方の中から、経典の解釈をめぐって対立が起こり、部派分裂が進みます。その結果、既成教団に属する出家の修道僧のみが悟りうるという立場を、「小乗」とけなし、批判的に超克して、いっさいの人々が救済されるという「大乗」と称する立場がかかげられました。それが全人における仏陀性を明らかにしようとする、新しい仏教運動であったわけです。

大乗の運動は、それまで民衆の大地に埋もれてきた、人間の生の尊厳にもとづく正義、権利や反俗性、非権力的生き方、精神の自在性、超国家・超民族的な知恵による民衆どうしの自由な交流、ユートピア願望——等を思想として結晶化させていったともいえるでしょう。そこには民衆の生活史あり、哲学あり、僧侶批判あり——と豊富なエピソードが盛られているからです。

大乗の運動は、それにふさわしい「仏説」の経典を製作し、その註釈としての論書を著わして、大衆に流布することでした。初めには『般若経』の原型が作られ、「空」の思想が体系化されていく。紀元後には、二、三世紀の間に『般若経』『維摩経』『法華経』『華厳経』『無量寿経』などの初期大乗経典が製作、増広されていきました。そこでは、自ら仏陀になる権利を保留して、生きとし生けるものの現実と共に生きることで、仏陀の教えに目覚めて共に真実に向かわしめようとする、「菩薩」という人間像があらわれてきます。さらには、仏陀や菩薩は無数に存在し、みずからの理想にしたがって自分の世界（仏国土＝浄土）を建立するという思想もあらわれてきます。それは現実の国家、政治組織への失望、批判を表現しているとも思われます。

さて、浄土の意義とそこへ往生する人間の問題を説くのが、『仏説無量寿経』です。この経はすでに、西暦二五二年に中国で翻訳されていました。親鸞は『教行信証』において、この康僧鎧による訳本を主なテキストにして、他の異訳本を照合しながら、そこに浄土の真実を開顕したのです。（『無量寿経』は道教用語をもって格義した形で漢訳された要素が濃いものではありますが……）

『無量寿経』では、世自在王仏という仏陀に出会ったある国王が、国を棄て王位を捐《す》てて、一修道者となり法蔵と名のり、ついには浄土を建立するという物語りがテーマになっています。法蔵菩薩は、あらゆる仏国土を見聞し、ついに四十八の誓願をおこして自らの仏国土を建立する動機を浄化するための修行を、永劫の時をかけて行い、浄土建立を成就します。この浄土は、あらゆる人々の本国となり、法蔵菩薩は無限の光明と無限の寿命を持って衆生を救済する阿弥陀仏に成仏したのです。この法蔵菩薩の物語は、いったい何を意味しているのでしょうか。

三、浄土の意義

私は、それを今日の言葉でいうところの、歴史・主体・環境の根本問題を含蓄する浄土思想、本願思想が形成されていることを意味するのだと考えます。

浄土を成り立たせている原理は、法蔵魂《ほうぞうだましい》によって発起せられた本願の秩序（荘厳《しょうごん》）であります。法蔵は、世自在王仏との対話によって、それまで自己と他者、人間と世界というものを、人間的分別によって変革し、問題の解決をはかろうとしてきた態度が、転換させられたのです。つまり、他者を問題にし、世界を問題視して解釈してきた立場がひっくり返って、他者そのものが問題となり、世界が自身の問題となったのです。そこに一切の衆生が人間として自立し、自他への社会的、精神的呪縛からの解放に起ち上がる「衆生の願心」に呼応していく道が開かれてきた。衆生と安きも危きも共同《ぐどう》し、衆生の願心に酬報《しゅうほう》する者として生きようという誓願が、浄土建立の礎になった。親鸞はそれを、「信心仏性《ぶっしょう》」として凡愚の自覚、すなわち「人としての尊厳性」としてかかげています。

ただし、人間として自立し解き放たれようと意欲し行動したとたん、今度は人間どうしの組織、運動体との社会関係の問題がおこってきます。そこには規律が生まれ、ときとして異端を排除するということが起こります。それはすでに、釈尊当時の僧伽《サンガ》集団が、インドのカースト社会における解放区のようなあり方として存在していたときに起こってきた問題です。カースト制度に支配された社会を超克するために、仏弟子が平等に生きることの真実を求めて僧伽に結集し、依るべき場所をもったとたんに、組織・集団・運動体の問題が起こってきました。その僧伽の規律に違反したものを排除、追放することは、もとの差別社会に放り出すことになるのです。それでは世間一般の集団と同じであり、かえって真理に背くことになりはしないかということです。

大乗仏教は、このような僧伽への反逆、仏法への誹謗というあり方に転落する小乗の僧伽の原理よりも、もっと広大で無辺で、出入自在の清閑な国土、世界を欣求し、実現しようとしたのです。そのような広大無辺際の世界に迎えとられるような自在性を、「仏説」として製作し「論」によって展開したのでしょう。この問題を根源的に解明し、人間的分別のドグマによって汚染されずに、人間そのものを永遠に問い続ける根拠地を、浄土建立の物語りとして表現したのでしょう。

したがって、本願に呼びさまされた私たちが、「南無阿弥陀仏」を主体として生きる身になったとき、私たちは「浄土」をみずからの本国として選択したことになるのです。このことを、もう一つの浄土経典である『観無量寿経』では、王舎城の悲劇というドラマによって説き明かしています。

我が子アジャセの反逆によって、牢に幽閉された王妃イダイケは、この世を「濁悪処《じょくあくしょ》」として厭い、清浄な世界を求めます。そこで釈尊は、イダイケに諸仏の浄土を見せますが、彼女はその中から阿弥陀仏の浄土を選択し、そこに生まれたいと欲《ねが》います。この経における反逆者アジャセと、その母イダイケの救済ということが、親鸞の「浄土」論である『教行信証』の中心的課題になっています。親鸞は、イダイケの「選択浄土《せんじゃくじょうど》」と、アジャセの「回心《えしん》」を、本願の成就と浄土の真実を証《あか》しする、歴史的事件としてとらえたのでしょう。そして親鸞は、自身を反逆者アジャセと凡夫イダイケという存在の客観的事実に投影して、「念仏の信」を顕らかにしたのです。そこから、歴史的現実を生きる人間の罪業性（反逆と不信）への凝視が出てきます。同時に、その罪業存在である自身を、どこまでも「摂取」していく根拠としての「浄土」に、往生することが選択されていくのです。『教行信証』は、

もし菩薩《ぼさつ》、種種の行を修行《しゅぎょう》するを見て、善・不善の心を起こすことありとも、菩薩みな摂取《せっしゅ》せん、と。

（「化身土巻」聖典四〇一頁）

という言葉でしめくくられています。

浄土を選択することは、自分が生きる歴史的社会的現実――すなわち国家によって緊縛されているあり方を、いっきょに相対化することでもあります。だからこそ親鸞は「愚禿《ぐとく》」を姓とし、「非僧《ひそう》・非俗《ひぞく》」という独自の倫理観で自らを規定したのでしょう。このような原理が、『歎異抄』では「異なるを歎く」として問題にされているの

であり、それは決して「異端を討《う》つ」ことではないのです。

真宗の寺院の背景である「浄土」とは、そのような意義を持ったものではないでしょうか。そして真宗寺院とは、とりも直さずこのこと一つを世間において明らかにしていく場であり、そのことのためにすべての人びとに開放された聞法の道場なのでしょう。

四、自分史における「寺」と「僧」

ところで問題は、寺がこのような場として、どこまで機能しているかということです。そしてそこに、僧として棲《す》む者がそれにかなうようなあり方を、しているかどうかということでありましょう。

南溟寺には現在、いろいろな人がたずねてきます。――自分の欲得のためだけではなく、みんなが共に生きることの意味を真剣に考える人、差別と闘う人、経済最優先の社会で疎外感を味わい、人間回復を切実に願う人、親子・夫婦生活・嫁と姑の問題に悩む人、職場での人間関係に悩む人、生徒の前に立つ自信をなくした教師、――自分の内面的な問題と生活に密着した社会問題との軋轢から、人と人との出会いを求めてたずねてくるのでしょう。その根底には、「自分の生きることの意味をハッキリさせたい」という意欲があるにちがいない。もちろん、具体的な行動をもちこんで寺を利用しようとする考えでやってくる人もある。そういう人には、「甘えるな」といってやるしかない。そこらへんのけじめだけはつけておかないと、寺が何かの運動に利用されて、たまり場になっているだけということになります。

それはともかく、何らかの問題をかかえてくる人びとは、生活に追われているうちに、自分の問題を棚上げしてホコリまみれにさせたり、日常性に埋没させてしまいたくはないのでしょう。起きて、喰って、クソして、寝てという、ふだん着の生活との関係において考え続けていく場が、切実に求められているのでしょう。だが寺に棲む私は、そのような意欲に応えているとはいいがたい。それは私が、浄土を背景とした真宗寺院にめざめるのに、とんでもない廻り道をしてきたからです。

そういう自分史を、少し読んでみてください。

私は寺に生まれ育ってきましたが、高校生のころまでは、寺に棲む坊主の生活がいやでいやでたまらなかったのです。九歳のとき、親父につれられて東本願寺で得度しました。剃髪してクリクリ坊主になって帰ってきた私に、門徒の人たちは「早う大きなって、エエお坊さんになりやァ」「ご先祖様を大事にしてお寺を守っていくんやで」という言葉で迎えてくれました。そのような期待と願望の声を耳にするたびに、私は身体の中がカーッと熱くなり、やり場のない噴りの処理にこまっていました。家族の生活をみていて、タテマエと本音の乖離ということを身体で味わっていたからです。たまに本堂で聞く説教はこうだった。

「親鸞さまは、いつでもどこでも誰でも平等にお念仏ひとつでたすかると教えておられます。おれがおれがというおもいで日暮ししているわが身を、お恥しい事でした救いようのない凡夫でしたと気づかせていただいたときに、阿弥陀様のお慈悲ですでにたすかっていたと知らされるのです。お慈悲うれしや有難やとお念仏させていただきましょう」。

嘘つけ、と思った。本当に坊さんたちや家族たちが、そう信じて寺で生活しているなら、どうしてあんな仕打ちができるのか。あんな仕打ちとは、ときおり寺をふらーっと訪れるきたない身なりのオッチャンを、犬や猫を追っ払うように扱うのです。「あんまりしつこいとケーサツをよぶよ」といってるのを聞くと、イヤーな感じでした。

また、障がい児だった私の弟に、どうしてあんな仕打ちができるのか？　弟が知恵おくれだとわかったころから、祖母は私たち子どもがいる前で、母に向かって「お前がこんなアホな子を生んで」とせめたてていたのです。弟は小学校三年になって、興奮錯乱状態があらわれ、十一歳ころには人への危害、器物破損が激しくなりました。私が十六歳のころがいちばんひどかったうえに、当時の我が家は踏んだり蹴ったりでした。父が肝硬変などで入院することになっていた矢先に、祖父が交通事故で危篤。いずれ寺を飛び出すつもりでいた私も、しぶしぶ檀家参りのお経読《よみ》誦を始めざるをえなくなりました。祖父の看病と寺務と病いで疲れ切った父が、寝込んだからです。そんな中で弟は、発作的に暴れ、家中のガラスを叩き割り、押えこむ私たちも引っ掻かれ、噛みつかれて血だらけ、吠え合い殴り合う修羅場でした。少し眼を放すと街へ出て店のものをつかみ、ガラスを割り、通行人へ乱暴する弟を、つれて帰り椅子に縛りつけながら、

「なんでこいつはこんなんや！　ちくしょう！　こいつさえ死んでくれたら楽になるのに」

とつぶやいたりもした。やがて父が病死。このままでは、私は高校へも通えないし、寺の仕事もできないので、弟を施設へあずけることにした。猛反対したのが祖母です。施設へ入ってるような子があるのは世間体が悪い、座敷牢を作って閉じこめておけという。唖然としたが従わず、施設めぐり。ところがどこの精薄児施設からも入所を断られ、精神病院へ投薬と注射に通いました。弟がこうなったのはなぜか？　とよく悩みました。よほど家庭事情が歪んでいるのか、寺に棲むこと自体弟にとっては抑圧的なのかと。

そんなことがあったりして、私は寺の欺瞞の生活、坊主・僧侶という名にいいしれぬ不信と疑惑を抱くようになってしまったのです。父の死後は、よけいに檀家の人びとは飴でも引きのばすように、先祖まつり司祭者としての住職後継者の私に過大な期待をかけて、早く大きくなれといっていました。檀家の家に法衣を着けて参ると、

「お寺さん」「ボンちゃん」「若さん」ともちあげてくれる。「お坊さんはたいへんですなあ。修行はせんならんし、我々俗人とはちがう苦労がおますわなァ」と話しかけられたりすると、「いいえ、そんな……」とあとの句がつげずに、いそいそと意味もわからんお経を読んでお布施をおしいただいて帰ってくる。庫裡へ一歩ふみこめば、感謝も念仏もない修羅場、「こんな生活もうイヤや！」と、切実に思っていました。法衣を着るのがつらくて、ふつうの人間になりたいという気持ちが強かったのです。ところが、たまたま高校三年のとき、父の遺した本の中から蓬茨祖運という人の『良子の宗教』という本や、米沢英雄という医師の『もう一人のあなたへ』という本を見つけて読むうちに、今までにない新鮮な感動がわきおこってきたのです。こりゃあ仏教もお寺も、見捨てたもんやないかも知れへんぞ、自分しだいなんやという予感がしたわけです。そうこうして、大谷大学へ入学したのですが、街での私は突っ張り坊主で、わざと法衣を着てパチンコ屋へ行く、バーへ行く、立ち小便をするという、蛮行をすることで坊主「らしさ」をぶっこわそう、檀家の期待外れの坊主になってやろうと、意気がって抵抗していたのです。

まことにお粗末な、自分史の断章ですが、こういう青年時代を経てきた私は、僧である前に、まず一個の、一個人としての立場に立ちかえることを重んじたいという気持ちが、今だに強いのです。

「宗教者として平和運動にとりくむ」とか、「仏教者として」「僧として」といういい方をふりかざすのは嫌いです。人と話をしたり、世の中の出来事に対して一席ぶったうえで、「これをご縁にして自己を明らかにしなければいかん」という「答」（本当は答になっていないと思うのですが）を与えたがる指導者づらした僧に会うとむかーっとくる。私は何か問題が起こったとき、それが社会的なものにしろ、また自分の生き方にかかわるものであるにせよ、まず一人の人間として、その問題にどう対処するかを考えます。ある者はその問題解決の方法を、マルクス主義の運動に求めようとするかも知れません。あるいは、書物の中に答を見出そうとしたり、身近かな先生、師と仰ぐ人に意見を求めることもあるかも知れません。私の場合は、その問題を一個の人間として考え、考えたあげくに親鸞の教えに問いたずねます。親鸞の教えに生きる人の話を、聞きにいこうとします。僧としての態度決定は、それからです。「僧侶であるから、こうしなくてはならない」といった、堅苦しいことをいっていたら間に合わない。たいていは僧であるからという理由で、何もしないことのいいわけにしている僧が多いからです。

もし行を学ばんと欲わば、必ず有縁の法に藉《よ》れ、（「信巻」聖典二一九頁）

とは、中国浄土教の善導の言葉ですが、この「有縁の法」とは、何も自分の属する宗門の教えのことだけをさすのではないと思うのです。戦争への道につながる靖国神社国家護持や、公式参拝という問題、仏教の部落差別という問題、障がい者差別、民族差別、性差別の問題、核兵器廃絶への訴え、公害問題、死刑制度にまつわる問題等、これらの現実の問題は、みなそれにふれることによってこの世を問い、我が身を問い、浄土を憶念することの「有縁の法」ではないだろうか。だから私は、このことを「現実からの聞法」と勝手に読みかえています。

聖典を読むさいには、その聖典の行間にあって聖典の一字一句を生み出した時代社会の息づかいにふれようとおもうのです。逆に今日の社会的現実の只中で、人間性が破壊されていく情況に対峙して、ひたすら闘っている人びととのふれあいを通して、その闘魂に学ぶことは、聖典に編まれてきた言葉を生み出した時代背景の息づかいに、じかに接していることになるのであるとおもいます。

私たちが部落解放運動に学ぶのは、まさに部落の存在が部落外の人間の差別意識をうつし出す鏡になっているからです。障がい者の存在は、健常者の差別意識をうつす鏡でありますし、女性差別や子どもへの抑圧的教育、老人、病者の切りすて、隔離といったことが、「問題」として見えたとき、それはまさに差別者としてのおのれの姿を鏡にうつす役割りをはたしているのです。その鏡にうつし出された自身の姿と社会のありさまを観じ、自己と社会の全体に目覚めていくような出会いの契機を、「有縁の法」というのではないでしょうか。だから私は、浄土建立の行が、私たちの生きる現在《いま》において、いろいろな現実問題にぶつかって仏事を行わせているのだと受け止めるのです。それを私は、「現実からの聞法」というのです。

五、僧でなく一住民として

こういう考えが、教学として通用するのかどうかはわかりません。ご批判をあおぎ教えていただきたいところです。

私は、親鸞が僧という立場、宗門における僧階という「番付け」の上位にふんぞりかえっているような、「僧分」の虚偽性を粉砕したのが「愚禿悲歎述懐和讃」であると思います。その最後にはこう書かれています。

　この世の本寺本山《ほんざん》のいみじき僧ともうすも法師ともうすも　うきことなり。（『正像末和讃』聖典五一〇頁）

この和讃では僧とか俗（在家）ということが、ともどもに陥っている闇の深さをうたっています。いずれもいずれも、ただ人《びと》にたちかえるところからしか、真宗の信は獲得できないというのが、私の確信になっています。

僧だから政治にはタッチしないとか、僧だからまず信仰問題が第一で、社会問題は二の次、三の次というのは、本当はいいわけにもならないはずです。

私が、関西新空港の反対運動に関わっているのは、地元大阪湾岸泉州の一住民として、同地域に住む住民とまったく同じ立場で悩み、苦しみ、生きていく、赤裸々な人間でありたいからです。新空港に反対する地元住民の運動とは、これ以上の自然と生活破壊には黙っていられないと叫ぶことです。行政と財界が一体になって、政治的に作り上げた「合意」を武器にして、住民の意思を無視して、頭ごなしに建設しようとするやり方を放っておけないからです。騒音公害や航空機災害が、巨大な臨海工業コンビナートにもたらされてからでは、もう遅いからです。新空港が建設されたとたんに、海上要塞として軍事利用されることは目にみえています。戦争への道をつけることを許せないからです。これを「住民エゴ」というなら、あえて堂々と住民エゴをふりかざしましょう。一部の政財界人の餓鬼のようなエゴを、社会的に拡大して国家事業だとか公共性のためだとかいうことで、住民に犠牲を強いてくるならば、私たちは何といわれようと住民エゴをむき出しで反対し続けるでしょう。十年来、十五年来シコシコと生活の中から闘っている老若男女の人たちは、淳朴さあふれる人たちばかりです。便利さや快適さと贅沢気分という価値観に支配されているあり方を疑い、本当の生きがいを求めている人たちです。くらしの中でのエゴや利害にふりまわされることを、何より率直に恥じている人たちです。その人たちの運動を、どうして「住民エゴ」などという無責任な言葉で、冷やかに批難することができましょうか。

六、心情の頽廃

考えてみれば、これまで宗教はとりわけ仏教は、どれほど民衆の人間としての起ち上がりを抑えつけ、慰めすかし、たぶらかし、眠らせて、眠っている間に怒りの牙を抜いてきたことでしょうか。

民衆の素朴な怒り、「住民エゴ」とけなされる主張の奥に動く、衆生の「至《し》心発願《しんほつがん》」（法蔵菩薩の第十九番目の誓願に出てくる）に呼応し、共に同心にその「至心発願」に報いるために歩もうとしてきただろうか。私は、決して、安易に運動に参加して行動さえすればよいといっているのではありません。しかし、現実の諸問題と関わることをさけては、「人間であること」の問題にふれるような教学の実践はできません。その情況に参加し、共に行動しつつ、そこにおちつかず、その根源的課題を深めていくことが大切ではないでしょうか。そこから初めて、その情況にせまる仏教者の言葉が生み出されてくるはずです。親鸞の『御消息集』（門徒に宛てた書簡集）にみられる言葉は、そういう情況、現実とのかかわりの中から、根本的な問題を教えようとしているものでしょう。

民衆の怒りが、よしんばエゴにすぎなかったとしても、そこに「至心発願」という浄土に生まれんと欲《ねが》う「願往生心」を発見し、共に泥まみれになっていくべきでしょう。仏教は、善導のいう「一切の往生人等に曰《もう》さく」ということを離れてはありえないはずだからです。

私は草野比佐男の詩、「村の女は眠れない」（『村の女は眠れない』草野比佐男詩集　光和堂）の最後の一行が、私たち〝仏教者〟〝僧〟と呼ばれる者どもにむけて叫ばれているように聞こえてなりません。

許せない時代を許す　心情の頽廃は　いっそう許せない

とりとめのないことを書きました。これを機会にゆっくりと話合える機会があればいいなと思っています。今日はこれで。合掌

戸次公正

玉光順正様

〔資料1〕

「抗議声明」

五月一二日、午後三時二九分～五時迄、大阪府貝塚警察署派遣で大阪府警察本部から南溟寺に家宅捜索が入りました。捜査令状によると「A氏に対する〝建造物侵入〟被疑事件につき、事件に関係する計画書、講演、集会等における記録および録音テープ、○○会の名簿、規約、趣意書、ゼッケン等」を取調べ押収（差押え）するために「反対運動の集会に使用する部屋」を取調べる、というのです。その現場で私は、この捜査が思想・宗教の弾圧につながる不法・不当なものであると、官憲に対してその問題性を指摘し、抗議の意を表明いたしました。以下、この弾圧的行為に関するこの間の事実経過を説明いたします。

私は大阪湾・泉州沖に建設を計画されている関西新空港問題に、地元住民の一人として、宗教者としての信念に立ちつつ反対の意向を内外に明らかにしている者です。泉州沖の関西新空港は、今日の日本の航空需要の見通しや採算性からいって決して急を要して建設するものではありません。その上、大阪空港の存廃も未解決で、公害による生活・自然破壊は目にみえており、軍事空港としての性格もきわめて大きいものであります。私は、地元泉州の住民、大阪湾岸の住民と共にこの計画の白紙撤回を運輸省に要求してまいりました。

しかるに、運輸省は政・財界を動かし、地方議会の反対決議をおろさせて「地元合意」を大阪府にまとめさせ、反対する住民の声をかき消そうとやっきになっています。ついには、「軍事空港もやむなし」とする推進派の要求でゴリ押し的に今年度の国家予算（準備調査費）を獲得し、四月二一日、住民の不安や反対の声を無視したまま一方的に「現地事務所」（貝塚市）の開設を強行して既成事実を積み上げようとしました。

これに対して反対する住民が当日、抗議行動を起しデモの後、「事務所設置祝賀会」が開催されていた貝塚市福社会館に集まり抗議の意を表明したのです。住民の代表が運輸省と交渉し、抗議文を手渡そうとしている矢先に、待機していた住民たちに対して機動隊が襲いかかり、盾で殴打し、なぐる、けるの暴行を加えて六名の仲間を逮捕したのです。〝建造物侵入・不退去〟というのがその言い分です。合法的な行動を機動隊がサンドイッチ包囲し、無抵抗で待機し抗議の意志表明をしている住民を無差別に検挙することで反対運動を弾圧するという国家権力の横暴は、何よりこの新空港計画の本質を如実に物語っているではありませんか。私たちは救援体制を組み、三日目に六名の釈放をかちとりました。その後、当日の集会を指揮したということでA氏に容疑がかかり、A氏がこの寺に出入りし、この寺が泉大津における反対運動の本部であるかのようにきめつけて家宅捜索を行い、一五点の文書類を押収していったのです。

このような不当逮捕や弾圧、いやがらせを私は決して許すことができません。

これは明らかに思想や良心、信教、集会、表現の自由を侵害する違法行為です。

しかも、南溟寺への家宅捜索では、寺の境内、本堂の内外に制・私服警官をはべらせ、礼拝所である本堂を「集会所に使用している」ときめつけて踏み込み、庫裡の一部をものぞき込み、写真撮影をし、什物・図書棚等を調べています。さらには戸次個人に対する容疑でもないのに、戸次個人宛や南溟寺宛に来た手紙を開封・検閲して、諸機関紙、パンフレット、ビデオカセットなどを押収していったのです。

これは明らかに礼拝所を冒瀆する違法行為（刑法第一八八条）であり、手紙などの通信の秘密を侵す違法行為（憲法二一条）であります。

また、新空港への反対運動をすることが犯罪的であるかの如き印象を植えつける横暴なふるまいを以ってする寺院への捜索は、名誉毀損にあたります。

寺は真実を求めるすべての人々に開かれた聞法・研修の道場であり、そこに出入りする者を国家権力がうんぬんすることは信教の自由に対する挑戦であります。このようなみだりがわしい思想チェック・弾圧を黙視していると権力をおごらせ、次々と新たな弾圧を許すことにつながります。

以上の観点から、私はこの度の家宅捜索を「真宗大谷派南溟寺」への宗教弾圧として厳重に抗議いたします。法的手続としては、ただちに「準抗告」し、その違法・不当性を世論に大きく訴えていく所存です。

どうかこの事情、趣意をご賢察の上、この抗議声明へのご賛同、ご支援を下さいますようお願い申し上げる次第でございます。　合掌

一、抗議、貝塚警察署及び大阪府警察本部は、

宗教法人南溟寺でなした不当な強制捜索における押収物件を直ちに返却し、過剰な警備と捜査のあり方を謝罪されんことを要請いたします。

一九八三年五月一八日

宗教法人　真宗大谷派南溟寺

代表役員　住職　戸次公正

貝塚警察署殿

大阪府警察本部殿

（資料2）

玉光順正「浄土と国家Ⅰ―南溟寺の家宅捜索に関して」（「市川・親鸞塾便り」№39より）

戸次公正氏のあずかる南溟寺が家宅捜索を受けた。関西新空港反対運動の拠点の一つだからというのであろうか。理由は何とでもつくものであるが、時代状況が私達にとっていよいよ大変なことになってきておることを実感する。

家宅捜索を受けたということ自体はおよそ権力（こういう言い方は正確ではなく、むしろ我々の考え方こそ正しいと盲目的に信じ、或いはその方が無難である、都合がいいと無意識に又意識的に考え、或いは自分以外の特定の人々を何らかの意味でアカであると言ったり考えたりするような人々、つまりあらゆる人々が共に同朋であるということを認めない人々）というものの本質を今更のごとくあきらかにしたことにすぎないわけである。

ところで真宗の寺院が家宅捜索を受けた。それもその寺に出入りしていた人の容疑に関してだというのである。このことは色々な問題をはらんでいる。憲法上においても勿論である。

ここで私が問題にしたいことは、今回の家宅捜索が国家と浄土の相剋として起ったということである。そしてそれが国家と浄土の相剋である限り、これからも類似のケースがでてくるであろうということである。

およそ真宗の寺院とは、真実を求め、真実に生きんとするすべての人々に開放された聞法の道場であることはいうまでもない。もっとも最近ではマイホーム化した寺院の多いことも事実であるが、少なくとも本来の真宗の寺院であろうとする限り、その寺院は開放されているが故に当然の如く色々な人の出入りがあることである。それは思想的にも、政治的にも、経済的にも、又人種、性別、職業、年齢、肩書等一切を問わず、それこそ老少善悪を選ばず出入りできる場が寺院である。そしてあらゆる人々がそこでは平等に、青色青光、黄色黄光、赤色赤光、白色白光に輝いている。つまりその人がその人としての分限を尽していることが聞法の道場である。それは真宗の寺院の背景にあるものが浄土であることを示しているといっていいであろう。浄土が「勝過三界道　究意如虚空　広大無辺際」と示されているように、寺院とは本来あらゆる人々に解放されたものである。『歎異抄』では「当世は後世者ぶりして、よからんものばかり念仏もうすべきように、あるいは道場にはりぶみをして、なむなむのことしたらんものをば道場へいるべからず、なんどということ、ひとえに賢善精進の相をほかにしめして、うちには虚仮をいだけるものか」とあり、真宗の寺院とは「さるべき業縁のもよおせば、いかなるふるまいもすべし」人々に開かれているのである。そういうことこそ又憲法第20条信教の自由、第19条思想及び良心の自由、第21条集会・結社及び言論・出版その他一切の表現の自由の具体的内容を示しているといっていいであろう。すなわち、真宗の寺院とは、浄土を願って生きる人、それは意識的であろうと無意識的であろうとをかまわず、それらの人々に開放された広場、人間解放への広場なのである。

それに対して国家とは「お国の為に」という言葉があらわしているように開放とは全く逆に閉鎖性を原理としているものであるといえよう。その閉鎖性とは、自分達に都合の悪いものは全て排除し抹殺せんとする論理でありますす。つまり今回の南溟寺に対する家宅捜索は、閉鎖性を原理とする国家が開放性を原理とする浄土を蹂躙したということに外ならないでしょう。そういう意味では「この世のならいにて、念仏をさまたげんひとは、そのところの領家・地頭・名主のようあることにてこそそうらわめ、とかくもうすべきにあらず」ということなのでしょう。

そこで問題は、浄土を願って生きんとする私達が、今回の家宅捜索をいかに受けとめるかということである。それは単に南溟寺に対する家宅捜索にとどまるものではなく、親鸞に学ばんとし、親鸞の生き様を追体験せんとする私達の魂に対する家宅捜索ともいえよう。親鸞は先に引用した手紙につづいて次の様にいう。

「念仏せんひとびとは、かのさまたげをなさんひとをば、あわれみをなし、不便におもうて、念仏をもねんごろにもうして、さまたげなさんを、たすけさせたまうべしとこそ、ふるきひとはもうされそうらいしか」と。「念仏をもねんごろにもうして、さまたげなさんを、たすけさせたまうべし」とは一体どういうことなのか。端的にいってしまえば、たすかるという原理は、誰であろうと念仏にしか、願生浄土にしかないのであるから、いよいよ念仏に生きよ、そのことのみが、敵をも味方にする可能性が開かれるかどうかの一点であるということでしょう。

このことは逆に、真宗の寺院というものは念仏によって統理されていなければならないということを示している。それは寺院が治外法権であって、そこを根拠に何かことを起こすような場であると理解したり、或いはその為に寺院を利用するようなことがあってはならないことを示している。つまり真宗の寺院とは、何トカ法という人間の作った法律には直接規制さるべきではないが「四生の終帰、万国の極宗」（十七条憲法）といわれる三宝帰依という仏からの規制を受けるものである。そしてそのことによってのみ、真宗の寺院が浄土の象徴としての働きをするものであるといえよう。

最後に私は、南溟寺に対する家宅捜索を「宗教弾圧として厳重に抗議」する戸次公正氏を支援・支持することを明らかにしておきたい。

〈往復書翰　玉光順正から戸次公正へ〉

浄土と国家――戸次公正氏への返信として――

一、はじめに

お手紙ありがとうございました。もうあれから四か月以上もたったのですね。あなたのあずかる南溟寺が家宅捜索を受けたということを聞いた時、何故か一瞬、いよいよ来たか、という感じを受けたことが今も残っております。あの文章（「浄土と国家I―南溟寺の家宅捜索に関して」）は、何らかの形でそのことについて意志を表示しておかねばならないと思い、そしてまた、丁度そのころ、市川・親鸞塾でも浄土と国家ということで問題提起をしていたこともあったので、何かまとまらないままに書いたようなことです。もっとも私の思考は全く雑なもので、まとまるというようなことはいつもないのですが。

そこで今回も、その時の塾での問題提起でもってあなたのお手紙への返事にかえさせていただきたいと思います。

ご承知のように、四年程前から、それまで共に学んでいた田舎の仲間と、市川・親鸞塾という大人の塾を開いて、共に学んだり、語ったり、飲んだり、喰ったりしているのですが、田舎に住んでいるからこそ何とかゴソゴソしておれるような私にとって、この市川・親鸞塾はやはり大きな学びの場でもあるわけです。そして又、市川・親鸞塾の運動は、私や塾の仲間にとってはそれは一つの現代における私達の信心の表現でもあり、それ故願生浄土への歩みの表現でもあると考えています。

もう四年も前の呼びかけ文なので、何となくはずかしいのですが、私達が田舎で何を考えているかという紹介も含めて、市川・親鸞塾結成のときの呼びかけ文を紹介しておきます。

よしあしの文字をもしらぬひとはみな
まことのこころなりけるを
善悪の字しりがおは
おほそらごとのかたちなり（親鸞）

近代文明・文化の進歩と発展は、八〇年代を迎えて、それが実は逆に、混迷と行き詰まりをもたらせつつあることを我々に知らせてきた。そのことをあらわす端的な表現が『だんだん住みにくくなってきた』という発言である。その発言の内容は、物価の上昇という経済問題、石油からオリンピックまで含めた政治問題、公害・原子力発電等環境問題、そして官公庁民間ひっくるめた汚職問題等々、止まるところを知らない程の理由をもっているわけである。それら一つ一つの問題はそれぞれの原因があることは勿論であるが、同時に全ての問題に共通した原因も考えられるのではないだろうか。共通の原因として我々は、近代文明・文化そのものがもっていた人間観の甘さを指摘したい。それ故現代は、進歩し発展した近代文明・文化に人間が呑み込まれつつあるのだと云ったらいいすぎであろうか。ともあれマイホーム主義・レジャー産業の盛況等にみられる人間の矮小化と、母原病・乱塾時代・官僚主義の横行等にみられる人間の管理化は、マスコミ等いわゆる意識産業を通して依然と続くものとみなければならない。

さて、八〇年代から二一世紀へ向って生き続けなければならない我々にとって最大の課題は何か。もはや云うまでもなく、人間自身をその矮小化と管理化から解放することである。云いかえれば、全体的人間の回復といっていいだろう。つまり人間とは素晴らしいものだという感動を持つことである。近代文明・文化に対するこの闘争は、一時隣の中国でプロレタリア文化大革命と名付けて闘われたことがあった。しかしその闘いは毛沢東の死と共に、今では跡形なく消されようとしている。

ところで我々はこの途方もない課題に取り組まんとしている。勿論権力もなければ、金もなく、知識もない、武器らしきものは何一つない。しかしたった一つだけあるもの、それは、このままでは駄目だという感覚である。

誰もが持っていると考えられる、このままでは駄目だという感覚も、それが生きて働くには手続きが必要である。その手続きの一つとして我々は、田舎で市川・親鸞塾の結成を思いたった。親鸞は八〇〇年前、流罪された人々や猟師、商人、農民等の田舎の人々の中に、『いし・かわら・つぶてのごとく』消え、そして誰よりも確かないのちを生きた。親鸞は単にいわゆる浄土真宗の宗祖というものではない。我々が途方もないこの課題、全体的人間の回復ということを荷負う時、我々の前に現前するのである。

参加者全体の共同学習・共同討議によって、我々も又、田舎の人々の中に『いし・かわら・つぶてのごとく』消えようではないか。

よく消えうるもののみが、近代文明・文化を根底からくつがえす可能性をもつであろう。

市川・親鸞塾へ参加して下さい。

さて、塾の通常の例会では、一応私が問題提起として四十八願文をもとにすきなことをしゃべっているのですが、私の問題提起などはるかに超えて、仲間が仲間同志で、塾生相互の学習・討議の中で、人というものは変っていくのだなあと驚きながらみているようなことであります。そうはいいましても、みんな田舎ものですから世の中の流れには全くうといのですが、しかしそのことに何となく可能性があるように思えたりするのですから不思議です。あなたにも是非一度機会を作って来ていただきたいとも考えております。

この問題提起は四月例会（四月二十三日）のもので、第三十二願、宝香合成の願をもとにして話したものです。読んでいただければわかりますように、あまり願文そのものにそって話しているというわけではないのですが、それでも私なりにその願文からテーマをひねり出して話しているようなわけです。丁度三月例会（三月二十六日）にも第三十一願、国土清浄の願をもとにして、「国家と浄土Ⅰ」ということで話しましたので、四月例会はその続きのような形になっておりますので、少々つながりのないところがあるかもしれませんが。

二、国家と浄土Ⅱ　宝香合成の願より

先月に続いて国家と浄土ということで話すことになりましたが、この国家と浄土という問題は、ある意味では親鸞に学ぶ私達にとっては何時でも課題となっておることであるといっていいでしょう。云ってしまえば、私達は日本国民として生きるのか、それとも浄土の人民として日本国に生きるのかという問題であります。親鸞はどこまでも浄土の人民として中世の日本に生きたといえるでしょう。

何故その様な問題のたて方になるのか。つまり国家（具体的には私達の場合は日本という国家ですが）と浄土が対立的となるのか。それは国家も浄土もある意味で絶対性をもったものであり、同時にそれは私達の救済をあらわ

す概念であるからであります。

その場合、絶対性とは例えば「国の為」という言葉のもっておる響きであります。あるいは日本国に住する限り日本の法律に背くことはできないとか、また日本円を使わなければ生活できないとか、あるいは生まれたら日本国民として本人の知らない間に登録されなければならないとか。とにかくあらゆる意味で国家とは絶対性を意味するものであるといっていいでしょう。それは同時にそのことによって救済をも意味しているのであります。例えば国家があることによって秩序が保たれているのであると考えていること、まあこの秩序ということも問題で、ある人は秩序とは、それは社会の正常状態となっている貧困飢餓であるという様な云い方をしております。あるいは又、日本人が外国では日本人のグループとして生活しているということが云われていますが、それも一種の救いなのでありましょう。同じ国家の人間同志だと落ち着けるという。

その様に国家、具体的には日本国という国家はまさに絶対的なものであり、それ故同時に救済的なのであります。それに対して一体浄土とは何か。この浄土という言葉は、その言葉とは全く違って今や汚れが一杯という感じで、何かその言葉から具体的なイメージがわかないのでありまして、あるいはイメージがわいたとしますと、はなはだヘンちくりんなオトギの国みたいなことになりまして困ったものでありますが、少なくとも親鸞にとって浄土とはまさに絶対であり救済そのものであったといっていいのでしょう。

私達は今その様な浄土をイメージできるかどうかが問われているといっていいでしょう。先月は聖徳太子の和国としてその浄土の概念を話したのですが、いわば神国に対して和国、それが国家に対する浄土というわけでありま す。勿論ここでいう国家とは具体的には日本国でありますが、同じ様に中国もアメリカ合衆国もソ連もインドもフランスも等々ということであります。つまり私の云いたいことは、その様な具体的な国家に対して浄土とは一体どの様な関係をもつのか。もっといえば国家に対する浄土の具体的かかわりいかんということであります。

『無量寿経』では法蔵菩薩が四十八願文を建てる前に（曽我先生は四十八願を浄土の憲法と呼んでおられますが）棄国捐王したと書かれています。つまり「時に国王ましましき。仏の説法を聞きて心に悦予を懐き、尋ち無上正真道の意を発しき。国を棄て、王を捐てて、行じて沙門と作り、号して法蔵と曰いき」とあります。それは国王であった法蔵が、その国を棄て、そして王位も捐てたというのであります。即ち浄土を願うということの出発点が「棄国捐王」というところにあったというのです。

もう少し私達自身のところへ帰って考えてみますと、私達が浄土を願うということは、親鸞に学ぶということは、先ず国を棄て、そして私達自身の立場、それは職業からいろいろなもの、いわゆる私の云うレッテルを捐てることからしかはじまらないということではないでしょうか。浄土を願って生きる、願生浄土と云われますが、それはまさに国を棄て自分の立場を捐てることによってはじめてはじまるのだということでしょう。それは世界観の転換ということだといっていいでしょう。

つまり、もし願生浄土ということと、いわゆる日本国家の中で幸福な生活を送るということが一つのことなら、価値観が同じなら、何も仏法を、親鸞を聞く必要はないのでしょう。いいかえれば世間でいかに価値のあることでも仏法の前には全く無価値であるということであります。『歎異抄』ではそのことが「火宅無常の世界は、よろずのこと、みなもってそらごとたわごと、まことあることなきに、ただ念仏のみぞまことにおわします」と云われ、聖徳太子は「世間虚仮、唯仏是真」と云っています。

「国を棄て王を捐て」た法蔵菩薩は次に国土を選んだのであります。『無量寿経』では「すなわちために広く二百一十億の諸仏刹土の天人の善悪、国土の麁妙を説きて、その心願に応じてことごとく現じてこれを与えたまう。時にかの比丘、仏の所説の厳浄の国土を聞きて、みなことごとく覩見して、無上殊勝の願を超発せり」とあります。つまり法蔵は国を棄てることによってはじめて自分の生まれんとする国を選んだのであります。

さて、それを私達の現実で考えてみると一体どういうことなのでしょうか。私達が国を棄て、そして改めて国を選ぶということはどういうことか。いや、私達が国家を選ぶということはどういうことか。

考えてみれば普通国家を選ぶなどということは不可能なのでしょう。既に生まれてもの心ついた時、もはや日本国民の一人であったわけであります。そのことは皆様方も同じだと思います。国家を選ぶも選ばないもない、既に日本国民であった。そういう意味で私達にとって国家とは、日本国というものは私の想い以前にあったものなのであります。考え様によっては国家を選ぶというようなことは不可能なことでもあります。しかし考えてみれば、選んだことのない国家は又私自身の国家でもないのでありましょう。

ちょっと例がヘンですが、日本の宗教は家の宗教だと云われます。禅宗の家に生まれれば私も禅宗、真宗の家へ嫁に来たら私も真宗という様なものでして、その家の宗教がいわば既に与えられていまして、私自身が選んだということがないというのが普通の日本人の宗教であるといっていいでしょう。それがヘンであるということはちょっと考えてみりゃすぐわかることです。

ところがその同じことが国家ということでも云えるわけであります。宗教の方はおかしいと思うが国家の方は全くおかしいとは思わないのが普通であります。そんなことおかしいと思う方がおかしい様なものであります。

といいましても、決して私はもの心ついてからいろいろな国家の中からどこかの国を選んで国民になるべきである等という様なことを云っておるのではありません。国を選ぶとは、主体的な国民となるということであります。その為には一度は国を棄てねばならないというのが法蔵の精神であります。いわば棄てることなしに持つということともないのでしょう。

国を棄てるとは一体どういうことなのか。一つのヒントとして大森勝久氏の言葉を紹介しておきたいと思います。これは昨年九月五日、大阪でのハラハラ大集会の時のメッセージの一部であります。

「人は出身階級や民族を選ぶことはできないが、裏切っていくことができる。植民地人民と共に生きんとするならば、私たちは建国から現在まで、一貫して他民族を征服し侵略して成長してきたわが日本国家と民族などはきっぱりと否定して、裏切っていかねばならない。いわば私たちは積極的に非国民や売国奴になっていく。そして日本の滅亡をめざすのだ云々」少々聞きなれない方にはどぎつい表現かと思われますが、願生浄土ということも又、そのような中からはっきりしてくるのであるといっていいでしょう。つまりそれは、既に与えられている国、具体的には日本国を本国とするというのではなく、浄土を本国として日本国に生きるということであります。浄土を本国とする限り、例え自分の住んでいる日本国であっても浄土に反する限り、それはどこまでも裏切らざるをえないということであります。そのことが非国民と云われるならば、甘んじて受けようということです。

前回私は、聖徳太子は日本で最初の非国民であるという話をしましたが、浄土を本国として生きる人々は、ある意味では非国民とならざるをえないのは当然といっていいでしょう。

国家に対して浄土というのは、その浄土とは、実に生活をあらわす言葉であります。いいかえれば、仏法を聞く生活というのは何も国家の中で快適な生活をする為に仏法を聞くということではないのであります。願生浄土の為に私の生活があるのだし、願生浄土の生活の為に国家もあらゆるものごともあるのだといわねばならないでありましょう。

浄土とは生活であるとは、仏法は考え方を変えるというようなことではないのであります。先日、丸山照雄先生は、簡単に救われる様な宗教は偽物であると云われましたが、へたな宗教はものは考えようであると云います。そういうことに対して、願生浄土とは、浄土を本国として生きるとは、生き方そのものが変化をするということだと云わねばなりません。生き方そのものが変るとは、私の中心課題がはっきりすることによってしか変りようはないのでしょう。松下君の案内文によれば「俺ほんまに生きてるんやろか?」というその疑問に答えがでることによってしか生き方そのものが変るということはないのでしょう。もっといえば、そんなことはそれこそ「あんたヒマやからそんな事ばかり考えてるんや、もっと仕事をせなあかん」ということで片付けられてしまっていて、疑問にすらならないというのが事実であるかもしれません。そんな中ではとても国家と浄土等という問題はでてきてみようもないのであります。

さて、ところでその国家と浄土という時、国家というのは何となしにわかる様な気がするが、浄土の方はどうも具体化しない、イメージがわかないということがあるかもしれません。ところが実はそうではないので、浄土とは生活であるといいましたが、既に私達の生活として浄土はそこへ来ておるといっていいのでしょう。言葉をかえれば、浄土は私達にこの様な生活をさせているところの信心として私達のところへ来ているといってもいいでしょうか。私達のところへ私達の信心として既に浄土が来ている。そういうと又私には信心などありませんと云われるかもしれませんが、前にも云いました様にそうではないのでありまして、私達はみんな信心をもっておるのであります。

信心なんて何も難しいことではないのでして、みんなそれぞれ信心をもって生きているのであります。ただ問題はその信心が自力の信心である限り、その浄土も又チッポケなものとならざるをえないのであります。それを懈慢界、どうせ人間みんなこんなものだ、とか疑城胎宮や辺地、私の思い込んだ幸せ、とか、つまり信仰上の怠情と自己満足のことを云うのであります。それらは皆人間の憬れる浄土でありましてという「究竟如虚空、広大無辺際」ということによわけにはいかんのでありまして。ってくつろぐ世界であります。むしろそれは、マイホームで明らかな様に閉鎖することによってくつろぐ世界でありますのでありますか。前回「公」ということを話しましたが、日本人の使う「公」がまさにそうであります。つまり「私」の延長上にある処の「公」が、例えば公共の福祉とか滅私奉公とかとして使用されている「公」であります。まさに胎宮以外の何物でもありません。

それに対して浄土をもつところの信心とは何か。それはサンガを生み出す信心といっていいでしょう。サンガを生み出す信心とは個人的信心でなく僧となる信心、歴史的社会的信心といえましょう。つまり閉鎖することによってくつろぐのでなく逆に開放することによってくつろぐ世界であります。勝子がはじめて仏法というものに感動を受けたのは、彼女が何時も云っている様に熊本の真宗寺へ行ってのことでありますが、あの真宗寺はまさに開放することによってくつろいでいる世界なのであります。人間が本当にくつろぐことが出来るのは決して閉じ込もることによってではないのであります。臨済録に「随処作主」という言葉がありますが、それはまさに開放するが故に成り立つ言葉であるといっていいでしょう。逆に『往生要集』では地獄を「我今帰する所無く孤独にして同伴なし」と云われていますが、そういう世界こそ私達の実情であるのかもしれません。そのことをカムフラージュする為に、マイホーム主義とか愛国心とか云っているのでしょう。

私達が本当に浄土を見出した時はじめて、私達一人ひとりが僧として、つまりサンガの一員としていきいきと生きるということでありましょう。その時浄土とは、その場の働きは、単にその場が浄らかであるということだけではなくて、穢れたものをもどこまでも浄化する場でもありましょう。

私達の市川・親鸞塾もそういう場をこそ持たねばならないのでしょう。

そのことをいいかえれば、どんな人でも参加でき、そしてどんな人でも充分に受け容れることができ、そしてその全ての人がその場で充分に語り考え、そして行動できるような場ということであります。知識人から一文不知の人々まで、右翼から左翼まで、都会の人も田舎の人も、それこそ誰もが参加でき、そして充分に受け止めることの出来る内容をもたねばならないのでしょう。

それこそ宝香合成ということであります。香などというものはそこに居るだけで移るものであります。市川・親鸞塾へ参加すれば、浄土の香、サンガの香がするという様になりたいものであります。

三、おわりに

あなたのお手紙を読んで、それこそ八面六臂の大活躍をされているあなたの原点にふれたような気がします。そしてあなたが「僧でなく一住民として」いろいろな運動にかかわっておられることに深く敬意を表すと共に、私もまた全く同感であることを思います。私達が親鸞に学ぶ時、「現実からの聞法」を抜きにしたら一体何が残るでしょうか。

「僧だから政治にはタッチしないとか、僧だからまず信仰問題が第一で社会問題は二の次、三の次というのは本当はいいわけにもならないはずです」と述べられていますが、全くその通りでしょう。それは親鸞の信心とは、親鸞自身が手紙の中で再々述べているように「しるし」をもつところの歴史的社会的信心であるからです。「往生をねがうしるし」をもつ親鸞の信心を生きることは、当然のごとく「世をいとうしるし」としてこの世の歴史社会を純粋に批判する精神として表現されるでありましょう。

いろいろな問題はありますが、一向一揆はやはり、親鸞の信心の大いなる歴史的社会的表現であったといっていいでしょう。そしてちょっと話はとびますが、いわゆる徳川時代以降、現代の自民党政権に至るまで権力側の一貫した姿勢は、まさにあの一向一揆の再現をふせぐところにあるといっていいのではないかと考えております。そういうことからいえば、逆に私達に要求されていることも又、一向一揆の再現であるといっていいのではないでしょうか。

へんな話になりましたが、あなたが「浄土を背景とした真宗寺院にめざめるのにとんでもない廻り道をしてきた」と述べられていますが、私も又、あなた同様に、いやあなた以上かもしれない廻り道をしてきたように思うのです。しかし、もし私が廻り道をしていなかったら、それこそ僧になっていなかったでしょうし、たとえ僧になっていたとしても、おそらく今のあなたや私自身のやっていることを認めない、この世ベッタリの価値観をもった僧になっていたことでしょう。そのことを思う時、よくぞ廻り道をしてきたと思うことです。

あなたと同様に私も又、坊主がいやで、坊主だけには絶対になるまいと固い固い決心をしていました。そしてそのことは私だけでなく家族やまわりの人達も何となく認めていたように思われます。今でも久し振りに会う友達などは、ヘエー坊主をしているのか、と驚いております。そのような私でしたが、幸いなことに父が早く死んだので（このようないい方はしばしば他の人に誤解、いや正解？を与えるのですが）今では、かつては思いもかけなかった坊主としてこの世を生きているわけであります。そして私自身のこの体験は、他の人に働きかける時に大きな支えとなっているように思われます。そのことは、いってみれば、真宗の僧侶とは、ただのただの人間になることであるということの発見でしかなかったわけですが、私にとっては本当に目の前が開けたような体験でもありました。それ故あなたの「僧でなく一住民として」という表現、そしてその背後にあるであろう、そのような立場を抜きにして現代においてよく僧ということがいえるであろうか、という問いかけが私にも又響いてまいります。

真宗の僧侶とは、ただのただの人間になることであるといいましたが、そのことを含めて私にとって、僧侶とは、寺院とは、教団とは、ということはある意味で全く未開の分野であります。そういうことからいえば、真宗の僧侶とは何か、真宗の寺院とは何か、真宗の教団とは何か、と問い続けることが私自身の運動でもあるといってもいいのでしょう。

最初に述べました、市川・親鸞塾の運動も又、田舎の仲間と共に、そのような問いに対する一つのアプローチでもあります。

何か直接のご返事にならなかったようで申しわけありませんがおゆるし下さい。

一九八三年九月十七日

玉光順正

戸次公正様

玉光順正（たまみつ　じゅんしょう）略歴

一九四三年、兵庫県神埼郡市川町生まれ。真宗大谷派光明寺住職。市川・親鸞塾主宰。同志社大学卒業。大谷専修学院修了。元、真宗大谷派教学研究所所長。元、真宗大谷派宗議会議員。

収載論文、講演・初出一覧

①差別問題に照射される儀式と制度（一）

第十六期第六回解放運動推進要員研修会講義。

『身同』（真宗大谷派解放運動推進本部『紀要』二十七号）二〇〇七年五月発行。

②差別問題に照射される儀式と制度（二）

第十七期第六回解放運動推進要員研修会講義。

『身同』（真宗大谷派解放運動推進本部『紀要』二十八号）二〇〇八年七月発行。

③百年の破闇——大逆事件と高木顕明

全戦没者追弔法会記念講演、二〇一三年六月四日。

『真宗』（真宗大谷派宗務所）二〇一三年六月号。

④真宗大谷派の新宗憲

『民族宗教研究』（民族宗教研究所・暁書房）一九八一年第四号。

『教化研究』（真宗大谷派教学研究所）第111・112号、一九九四年三月発行に資料として抄録。

⑤教団論の展開——「門首」制の根本問題

『ミトラ』第十八号（ミトラの会）一九九六年一一月発行

（転載）『門首制を問う』（新しい教団構想を創出する会）一九九七年三月発行。

⑥したたかに、深く撃て――叛「靖国」の情念を思想に――
『伝統と現代』七九号〈総特集靖国〉（伝統と現代社）一九八四年四月発行。

⑦仏教と同性愛――坊さんとゲイ――
『共命鳥』No.11～No.13（群萌社）一九八八年五月、六月、七月発行。

⑧〈往復書翰　戸次公正から玉光順正へ〉浄土・寺・僧と現実

⑨〈往復書翰　玉光順正から戸次公正へ〉浄土と国家――戸次公正氏への返信として――
『伝統と現代』七七号〈総特集教団〉（伝統と現代社）一九八三年一〇月発行。

あとがき

一九六〇年代後半、学園闘争の火は、京都の各大学にも熾烈に燃えていた。そんなさなか、京都大学や同志社大学の立看板（タテカン）は極めて刺激的であった。

大谷大学でも、一九六八（昭和四三）年に、大学当局との団交（ダンコウ＝団体交渉）があり、訓覇信雄宗務総長も理事者側として列席していた場面を記憶している。ノンポリ学生だった私でさえも、その場には臨んでいた。

翌、一九六九（昭和四四）年、一月に東京大学に機動隊が入り、学生による封鎖を解除した。テレビニュースで見た。

同年、四月に、真宗大谷派教団では、法主である大谷光暢氏による「開申《かいしん》」事件がおこった。いわゆる教団問題の発端である。それは大谷法主による「宗憲」違反行為であった。

この教団情況に対して、六月に大谷大学大学院有志は「法の問題が血の問題に歪曲化されることに断固反対」との要望書を出した。そして、全学共闘会議の学部生・大学院生は、当局との大衆団交を要求して、学監室を占拠した。さらに全学ストライキに突入した。

当時、大学闘争の中から「大学解体」というスローガンが挙がっていた。おそらくは、これに呼応してのことだと思うが、大谷大学の大学院生や学部生の中から「教団解体・僧伽建立」という声が叫ばれるのを耳にしたのを覚えている。

大谷派教団の教団問題は、たんなる「大谷家と大谷派宗務当局との主導権争いのお家騒動」ではない。それは、

「大谷派なる宗教的精神」によって承け継がれてきた「親鸞の同朋精神への回帰」をめざす真宗同朋会運動という教団改革の信仰運動を破壊されてはならないという、危機意識を共有する問題である。その淵源は近代明治時代の、清沢満之師たちの「宗門革新・教学刷新」の運動にある。その思想と信仰の系譜は、「異端」として排斥された時期もあったが、戦後社会の中でも埋火《うずみび》のように生き続けてきた。だからこそ、既存の宗門態勢の「保守」に汲々とする「愛山護法」の勢力と対決せざるをえない。

このような教団情況の中で語り継がれてきたのが、「真宗の僧伽論」である。その「真宗の僧伽《サンガ》」とは一体何のことなのか。

いわゆる「僧伽《サンガ》」というのは、仏陀釈尊のもとに集う出家・在家の共同体のことである。しかしそのように仏道を歩まんとする仏教者の集いや、教団の本来的な在り方をめざす信仰回復運動においては、しばしば「僧伽《サンガ》」という言葉で願いを表現してきた。

ここにいう「真宗の僧伽」とは、釈尊が『無量寿経』において「出世の本意」として開顕した阿弥陀仏の本願によって念仏の歴史によって呼び覚まされた念仏者の共同体のことである。それは日本においては、法然上人と親鸞聖人によって見出された。とくに親鸞聖人は「とも同朋にねんごろ」なる共同体、すなわち一切の権威や権力への依存を容認しない絶対否定と絶対平等の精神を「いのち」とする「浄土の僧伽」を世界観として建立した。その浄土の僧伽を明らかにしたのが、親鸞聖人の著『顕浄土真実教行証文類』いわゆる『教行信証』である。

その親鸞聖人の精神を見失わないようにということで、地上の教団が建立され、歴史的社会的現実における集団、制度、機構として存続されてきた。このような親鸞聖人の教えと真宗の学びを、コツコツと語り継いでこられたのが、清沢満之師の後継者である曾我量深、金子大榮、安田理深、さらには蓬茨祖運、藤元正樹、宮城顗、和田稠という現代に生きた師たちである。

このような真宗大谷派の「真宗の僧伽」としての壮大な実験である「真宗同朋会運動」の独自の気配を看取してきた「他者の眼差し」がある。毎日新聞の記者横山真佳氏や、教育者の久木幸男氏、日蓮宗僧侶で宗教評論家の丸山照雄氏、作家の野間宏氏や高史明氏である。さらに遡れば、毎日新聞の論説委員をしていた木場集三氏がいる。また司馬遼太郎氏も作家になる前に記者で京都の宗教記者クラブに在籍していたので、早くから清沢満之師の存在を知っていて、『日本の名著』（中央公論社）に近代の仏教者として鈴木大拙師とともに収録することを薦めていた。

それだからこそ、大谷派の教団問題は、東本願寺のお家騒動レベルのはなしではないぞと、見抜いておられたのであろう。おそらくはそのような諸氏には、「真宗の僧伽」という理念も通じていたにちがいない。

このような法水の流れにあずかる我らであることを、銘記しておかなくてはなるまい。

ところで、私はもう一人、忘れることのできない人としてこの人の名をあげておかずにはいられない。

福地幸造氏である。私の父と同世代の福地氏は、兵庫県の解放教育の現場に身を置くとともに、後半生を自ら、『らい』園とのつなぎ（繫ぎ）をとる」ことに捧げておられた。それは「らい園」すなわちハンセン病療養所に歩みを運び、そこに存在する人間一人ひとりと出会い続けよという叱咤激励であった。

福地氏はまた、大谷派教団の外側から、この教団の同朋会運動を凝視しておられた。大谷派の運動を鏡として、現代日本の教育者たちの現場を映し、教育者たちの「宗教への無関心と不勉強」を嘆いていた。私は、一九八〇年の雑誌『解放教育』八月号で福地氏が書いた、「組織と透明」という一文を魂に刻み付けてきた。

「一つの組織ができると、その出発にあった『幻視』に似た初心が消失し、その組織を維持することが自己目的となっていく。この難問は容易に解決しそうにない。『共同体づくり』の実践はこの難問を解こうして苦悩している姿の一つだろうと思う。無数の解体・再生を経ているはずである」。

そして、一九八二年十一月の雑誌『解放教育』臨時特集号では、「宗門の差別状況の解体と再生」を特集している。その「編集前記」に福地氏はこうしたためている。

「わたしの関心は依然、清沢満之以降の、この同朋会運動が、どのように直面する紛争の中で、もっとも純粋な『信』の問題として再生されていくかの一点に集中している」。

私にとって福地幸造氏との邂逅は、生涯の宝物《タカラモノ》である。

本書を結ぶにあたり、私に内発し聞こえてきた本願の招喚は、「教団解体・僧伽建立」である。この語をいま現代の日本社会の危機状況を照射する灯炬《とうこ》としたい。

この論集の刊行については、法藏館編集部の満田みすず氏と、編集者の和田真雄氏のご助言とご尽力のおかげに依るところ大である。深く謝意を表しおきたい。

二〇一七年七月

戸次公正

【追記】

「浄土・寺・僧と現実」の論と資料で「記録」している、南溟寺への「家宅捜索」（一九八三年五月十二日）の、その後の経緯を報告しておく。

それは同年、一九八三年四月の関西新空港反対デモのあと、「現地事務所」への「抗議文」を手渡したことが、「建造物侵入・不退去」罪で、六名が逮捕された翌月に行われた。

これに対して私たちは、「抗議声明」を発信した。

そこから、裁判闘争が始まった。

「第一審」一九八六（昭和六一）年三月四日公判では「有罪」判決が出た。直ちに控訴する。

第二回公判には、戸次公正は証人として出廷し証言した。

第七回公判は、一九八八年四月十九日に開かれ、判決は逆転「無罪」となった。

五月に検察は上告を断念し、「無罪確定」となった。

その判決要旨は、「建造物侵入、不退去罪には当たらず、請願権の行使の要件を備えている」であった。

この事件は、警察によってでっちあげられた、運動への妨害であることが明らかになった。

ここまで五年の歳月を費やした。

ねばりづよく裁判闘争をたたかった、泉州沖に空港を作らせない住民連絡会のみなさんと、弁護士中北龍太郎氏、藤田正隆氏、平尾孝氏、能瀬敏文氏に感謝したい。

戸次　公正（べっき　こうしょう）

1948年、大阪府泉大津市生まれ。大谷大学大学院修士課程修了。真宗大谷派大阪教区南溟寺住職。相愛大学非常勤講師。
元大谷派全国仏青連盟委員長。元大谷派宗議会議員（2期）。ねころじの会（地域猫活動）代表。毎月28日夜は南溟寺で同朋の会を開催。寺報『法蔵魂』（月刊紙）発行。
著書に、『意訳　無量寿経』『正信偈のこころ――限りなきいのちの詩』『阿弥陀経が聞こえてくる――いのちの原風景』（法藏館）、『日本語で読むお経をつくった僧侶の物語――木津無庵とその時代』（明石書店）、『意味不明でありがたいのか――お経は日本語で』（祥伝社）、『親鸞の詩が聞こえる――エッセンス・正信偈』（東本願寺出版）など。

真宗大谷派のゆくえ
――ラディカルに問う儀式・差別・靖国――

二〇一七年一二月二〇日　初版第一刷発行

著　者　戸次公正
発行者　西村明高
発行所　株式会社　法藏館
京都市下京区正面通烏丸東入
郵便番号　六〇〇-八一五三
電話　〇七五-三四三-〇〇三〇（編集）
〇七五-三四三-五六五六（営業）

装幀　大杉泰正（アイアールデザインスタジオ）
印刷・製本　亜細亜印刷株式会社

ISBN978-4-8318-8760-3 C0015